Die
TORAH
Wiederentdeckt

Die TORAH wiederentdeckt

Die Herausforderung an jahrhundertelange Fehlinterpretation und Vernachlässigung

Ariel und D'vorah Berkowitz
Vorwort von Dr. David Stern
Übersetzung: J.E.S.

Herausgeber
Konrad Bösch AG
Zürich/Switzerland

Umschlaggestaltung:
Christine Jenni, Ottikon

Erste englische Auflage: Juli 1996 "Torah Rediscovered"
Zweite englische Auflage: Dezember 1996
Erste deutsche Auflage: Februar 2003

Herausgeber:
Konrad Bösch AG, Mühlackerstrasse 199, CH-8046 Zürich

ISBN Nr. 3-9522668-0-9

Widmung

Dieses Buch ist allen jenen gewidmet,
welche der Torah nachstreben;
ebenso in liebender Erinnerung an unsere Väter:

Edward Berkowitz ז״ל
und
Dr. Michael J. Vaccaro ז״ל

die uns lehrten, uns auf ein Streben
nach Wahrheit einzulassen.

Inhaltsverzeichnis

Anerkennung

Für ihre Zeit und Mühe möchten wir Lev Kohen, Veronica McAlpine, Rittie Katz, Shoshanah Bat T'zion, Nirit Zagofsky und den anderen (ihr wisst wer gemeint ist) ganz herzlich danken. Und natürlich todah rabah an Murray und Kay Silberling und Dov Chaikin für ihre konstruktiven Ratschläge bei der 2. Auflage dieses Buches in Englisch.

Euch schickte der Herr uns über den Weg, während wir Ihm durch Gruppenleitung und an Kongressen dienten. Und wärt Ihr nicht alle unsere Gefährten im Jagen nach der Wahrheit gewesen, hätte dieses Buch nicht geschrieben werden können. Ihr seid es, die Bauern, Versicherungsagenten, Hausfrauen, Geschäftsleute, Rabbis, Hochschullehrer und mehr. Wir trafen euch in Templeville, Maryland; Penacook, New Hampshire; Boston und Worcester, Massachusetts; Tiberias, Jerusalem und anderen Teilen Israels. Danke für Eure Beiträge, die uns halfen die vielen Ideen in diesem Buch zu formen. Ihr alle wart ein hervorragender Stimulus und eine grosse Ermunterung für uns.

Und schliesslich danken wir Gott für die vier wunderbaren Kinder, die Er uns schenkte: Beth, Rachel, Becky und Joel. Durch die vielen Freuden und Herausforderungen sie grosszuziehen, sowie durch ihr mutiges Drängen nach Seiner Wahrheit, hat uns Gott immer wieder die Fülle der praktischen Wahrheiten in der Torah bestätigt.

Bemerkungen zu dieser Übersetzung

Diese deutsche Übersetzung wäre ohne die grosszügige Hilfe von mehreren wundervollen Leuten gar nicht möglich gewesen. Zuerst danken wir unserer treuen und begabten Übersetzerin J.E.S. Wir danken auch Armin und Beatrix Bösch für deren Begeisterung, dieses Werk zu drucken. Und nicht zuletzt sind wir ganz besonders dankbar für unsere Freunde Erwin und Christine Jenni, die sehr hart im Hintergrund gearbeitet haben, um diese Übersetzung überhaupt zu ermöglichen; besonders Christine, die diesen Buchumschlag entworfen hat.

Nun noch einige Worte zu unserer Gestaltung des Umschlags. Er ist sehr symbolisch gemeint. Die Hebräischen Buchstaben kommen vom Himmel herab, und sollen uns daran erinnern, dass die Torah eine Offenbarung Gottes ist, die von Seinem Thron zu den Menschen als eine Gabe Seiner Gnade herunterkommt. Der blaue Hintergrund und die blauen Buchstaben stellen das hebräische Konzept von *techelet* dar. Techelet ist das biblische Blau. Dieses Blau stellt das Blau der Himmel dar und verkörpert die Gerechtigkeit des Himmels – die Gerechtigkeit Gottes. Gottes Wort ist Sein schriftlicher Ausdruck Seiner Gerechtigkeit gegenüber der Menschheit. Die Heilige Schrift lehrt uns, dass Gott das Gewand des Hohen Priesters, die Auskleidung des Mischkan (der Stiftshütte) und die Schaufäden der Kleidung aus dem 4. Mose 15 mit der Farbe techelet entworfen hat. Dies alles erklärt uns die Tatsache, dass Gottes Gerechtigkeit auch eine Realität auf der Erde ist. Zuerst wird uns dies in der Person von Jeschua – unserem grossen Hohen Priester, dem lebendigen Techelet – gezeigt. Als nächstes lernen wir, dass die Gemeinde im Messias der wahre Mischkan der Gegenwart Gottes auf dieser Erde ist. Sie spiegelt die zusammenhängende Gerechtigkeit des Einen Gerechten wieder. Und schliesslich lernen wir vom Wort Gottes, dass alle, die Jeschua vertrauen, neue Kreaturen sind, welchen die Gerechtigkeit Gottes im Messias Jeschua zugesprochen wird. Gott hat alle in Seinem Volk dazu angewiesen, die Schaufäden mit der techelet zu tragen, um jeden Einzelnen Seines Volkes an diese wertvolle Tatsache im Messias zu erinnern.

Es ist unsere Hoffnung und das Gebet unseres Herzens, dass Sie "Die Torah" des Himmels "wiederentdecken" werden, die Gerechtigkeit Gottes, die uns allen geoffenbart wurde, und Jeschua – die Lebendige Torah, die Gerechtigkeit Gottes, die unter den Menschen und in Seinen neuen Kreaturen wohnt, mit einer neuen Tiefe verstehen werden.

Vorwort

von Dr. David H. Stern

Ich zähle es zu meinem Vorrecht, Ariel und D'vorah Berkowitz als Freunde und Nachbarn hier in Jerusalem zu haben. Ich erachte es als eine Ehre, um ein Vorwort in ihrem Buch über die Torah gebeten zu werden. Ich freue mich, meinen Namen und meine Bücher als Referenz in ihrem Text angegeben zu sehen. Aber am meisten – so denke ich, kann ich dieses Buch als eine Art Frucht meines eigenen Dienstes in der Messianisch-Jüdischen Bewegung betrachten.

In meinem Buch, *Messianic Jewish Manifesto,* welches Ariel 1988 gleich nach seinem Erscheinen las, drängte ich Messianische Juden, die Gemeinde des Messias und insbesondere christliche Theologen und die Kirche als Ganzes wieder mit der Zentralfigur der Torah im Evangelium vertraut zu machen. Die Berkowitzes reihen sich nun ein in die kleine, aber wachsende Zahl Messianisch-Jüdischer Schriftsteller, die genau dieses tun.

Diesbezüglich gehen sie sogar weiter als christliche Gelehrte, die jetzt erst damit beginnen, Paulus' Einstellung gegenüber der Torah vorteilhafter einzuschätzen, als es in der Vergangenheit durch Generationen von Theologen getan wurde. Denn genau diese Gelehrten gehen die Fragen – vielleicht im Namen der Objektivität – gewöhnlich viel abstrakter und behutsamer an. Sicher wird ihre Arbeit gewürdigt, aber gleichzeitig brauchen wir auch Leute, die zur Sache kommen und darüber sprechen, wie man die Torah ausleben kann.

Ariel und D'vorah haben nicht alle Antworten – die hatte ich in dem Kapitel über die Torah (das längste Kapitel in meinem Buch *Manifesto)* auch nicht. Aber sie wenden sich den richtigen Fragen zu und führen die Diskussionen etwas weiter als es bisher getan wurde. Damit geben sie uns allen sicher genug zum Verdauen. Für die Erstellung von Regeln des Benehmens (im Judentum bekannt als *halacha,* der "Weg, den wir gehen können") muss es eine Gemeinschaftsproduktion werden, nicht erlassen von Gelehrten in Elfenbeintürmen, sondern herauswachsend aus dem Leben einer heiligen Gemeinschaft, die durch die Kraft des Geistes Gottes versucht auszuleben, was es heisst, eine neue Kreatur in Jeschua dem Messias zu sein.

Ariels Erfahrung als Pastor in Amerika und als Lehrer hier in Israel, und D'vorahs Studium und ihre Erfahrung als Pastorenfrau geben ihnen den Hintergrund und die Erfahrung für das Schreiben dieses Buches. Dies drückt sich auch in ihrem eigenen Glaubensweg aus. Ich bin froh, dass sie sich entschieden haben diesen Hintergrund und diese Erfahrung mit uns zu teilen. Möge der Leser ein gesteigertes Verständnis, wie auch eine grössere Wertschätzung der Rolle der Torah im Evangelium mitnehmen, und ein zunehmendes Verlangen erfahren, dies im Licht der neutestamentlichen Wahrheit zu ergreifen.

David H. Stern, Ph.D.
Übersetzer des Jüdischen Neuen Testaments
Autor des Kommentars vom Jüdischen Neuen Testament
Jerusalem, Israel

Prolog

Hilkias Entdeckung

Für Hilkia, den Hohepriester, war es ein ungewöhnlich langer Tag gewesen. Unter der Leitung seines gottesfürchtigen Königs Josia war er sehr damit beschäftigt gewesen, die Reparaturarbeiten, die Josia am Tempel in Jerusalem befohlen hatte, zu beaufsichtigen. Überall waren die Maurer und die Zimmerleute, und doch gab es Dinge, die nur er, der Hohepriester, tun konnte, und Orte, zu denen nur er gehen durfte. Seit Jahren war der Tempel nicht mehr repariert worden, und Hilkia arbeitete sehr hart.

Wir sind uns nicht sicher, wo er sich gerade befand, oder gar zu welcher Tageszeit dies geschah, aber während einer seiner langweiligen Arbeitstage fand Hilkia etwas, das die Nation revolutionieren würde. Während er gerade jahrzehntealten Schutt und viele sich nicht mehr in Gebrauch befindende Tempelgegenstände entfernte, fand er eine alte Schriftrolle. Er blies den Staub ab und konnte erkennen, dass es sich um ein sehr wichtiges Gesetzesdokument handelte. Jedoch brauchte er die Hilfe des Schreibers Schaphan, um herausfinden zu können, was es genau sagte.

Wir können uns vorstellen, welche Mischung von Aufregung und Furcht Schaphan ergriff als er diese sehr alten hebräischen Buchstaben zu lesen begann. Während er sich seinen Weg durch die Arbeitermenge bahnte, ging er geradewegs auf den Palast zu: er musste direkt mit dem König sprechen. Nachdem er schnell über den Stand der Tempelreparaturen berichtet hatte, konnte sich Schaphan nicht länger beherrschen. Als ob niemand anders anwesend wäre, verkündigte er dem König Josia: "Hilkia der Hohepriester hat mir ein Buch gegeben!" Und dann fuhr er fort, die ganze Schriftrolle in voller Länge vorzulesen.

Hilkia und Schaphan wussten, dass dieses Buch etwas ganz Besonderes war. Jedoch war keiner so sehr bewegt wie Josia. Er brauchte nicht lange, um zu erkennen, dass diese Schriftrolle nichts anderes als eine Wiedergabe der Torah war, die Moses vom Ewigen empfangen hatte. Nachdem er diese Worte gehört hatte, tat Josia das einzig Richtige – und damals Angemessene – als das Wort Gottes nach so langer Zeit gelesen wurde: "Als aber der König die Worte der Torah hörte, zerriss er seine Kleider." Dann befahl er Hilkia, Schaphan und den anderen geistlichen Leitern: "Befragt den Herrn für mich, für das Volk und für ganz Juda über die Worte dieses Buches, das gefunden ist; denn gross ist der Grimm des Herrn, der über uns entbrannt ist, weil unsere Väter nicht den Worten dieses Buches gehorcht haben und nicht alles taten, was darin geschrieben ist."

Nachdem König Josia diese wiederentdeckte Torah gehört hatte, rüttelte Gott sein Leben so sehr auf, dass er sich sofort auf eine solch massive geistliche Reformbewegung einliess, wie Juda sie noch nie erlebt hatte. Götzen und Orte des Götzendienstes wurden sowohl aus dem Tempel selbst, wie auch überall um Jerusalem herum und von ganz Juda entfernt. Ferner wird gesagt, dass Israel das Passahfest in einer Art und Weise feierte, wie sie es seit den Tagen der Richter nicht mehr getan hatten! Am Schluss sagte der Herr über Josia: "Seinesgleichen war vor ihm kein König gewesen, der so von ganzem Herzen, von ganzer Seele, von allen Kräften sich zum Herrn bekehrte, ganz nach der Torah des Mose, und nach ihm kam seinesgleichen nicht auf." (Alle Zitate sind aus 2. Könige 22 und 23.)

Verborgen, aber nicht verloren

Obwohl Hilkias Wiederentdeckung der Torah ungefähr 632 vuZ (vor unserer Zeitrechnung) stattfand, können wir in diesem historischen Bericht einige bedeutsame Parallelen zum Leben im heutigen Volk Gottes finden.

Beachten Sie zuerst, dass die Torah nicht verloren gegangen war, sondern in den Ruinen des Tempels Gottes nur verborgen gewesen war. Dasselbe ist auch wahr für uns. Die Gemeinde des Messias ist nach der Brit Hadascha ("Neues Testament") der Tempel des lebendigen Gottes. Trotzdem ist die Torah über Jahrhunderte zumeist verborgen und missverstanden geblieben, ebenso blieb ihre wahre Natur und ihr Wert unerkannt. Hie und da haben Gläubige einen Blick davon erhascht. Alles in allem aber blieb die Torah unbeachtet und Staub ansammelnd liegen – und dies mitten in all dem religiösen Prunk, der von Gottes Volk als so wertvoll erachtet wird.

Ihr Lieben, der Geist Gottes veranlasst Gottes Volk mehr und mehr, Seine sehr alten Worte wieder zu entdecken. Die Torah ist nicht mehr nur ein Kinderbuch, mit unseren beliebtesten Bibelcharakteren in der Hauptrolle. Gläubige entdecken sie wieder als das Buch eines Neuen Bundes, welches Gottes erlöstem Volk gegeben ist als ein Dokument, das den Lebensstil für die heilige Gemeinde beschreibt, als heiligen Ehevertrag zwischen Gott und Seinem Volk. In der Tat machen heute Gläubige in allen Teilen der Erde dieselbe Wiederentdeckung für ihr persönliches und gemeinschaftliches Leben – und das mehr als 2500 Jahre nach Hilkias monumentalem Fund.

In Juda gefunden

Es gibt eine zweite Parallele. Die Torah wurde zuerst bei den Leuten von Juda wiedergefunden. Und das berechtigterweise, denn es war zuerst und vor allem ein jüdisches Dokument, ein Bündnis zwischen Gott und den Kindern Israels. Das ist auch heute der Fall. In den letzten 30 Jahren sind mehr jüdische Menschen zum Glauben an Messias Jeschua gekommen als vielleicht in allen vorherigen Jahrhunderten – ausser im Ersten! Dies ist ein ziemlich wichtiges Wachrütteln von Gott. Da der Herr so viele der Kinder Israels zu sich wendet, macht es auch völlig Sinn, dass Er ebenfalls vielen jüdischen Gläubigen die Augen zum Privileg und der Verantwortung der Torah gegenüber öffnet.

Glücklicherweise hat Gott diese Bewegung nicht auf die Kinder Israels eingeschränkt. Eine zunehmende Zahl derjenigen, die in Israel eingepfropft sind – die nicht-jüdischen Gläubigen an Jeschua – fangen ebenfalls an, die Wunder der Torah zu verstehen.

Bedeutende geistliche Veränderungen

Eine weitere Folge von Hilkias Entdeckung sollte hier erwähnt werden: Die Wiederentdeckung der Torah führte diejenigen, welche ihre volle Bedeutung verstanden hatten dazu, sofortige und bedeutsame Veränderungen in ihrem Leben zu machen. Der ursprüngliche Anstifter hierfür, der durch die Torah selbst so tief berührt wurde, war König Josia. Wir haben bereits gesehen, dass die Wiederentdeckung der Torah ihren Höhepunkt in einer – das ganze Land erfassenden – Befolgung des Passahfestes erreichte. Ganz wichtig zu beachten gilt hier, dass es ebenfalls zu einer grösseren Wertsteigerung der Lehren über Erlösung führte!

Viele Jahre lang betete die Gemeinde des Messias überall auf der Welt für Erweckung. In einigen Orten wurden diese Gebete beantwortet. Aber speziell in der westlichen Welt, wo die Mehrheit der jüdischen Bevölkerung lebt, liegt diese langerwartete Erweckung noch immer in der Zukunft. Könnte es sein, wenn Gläubige die Torah zum Leitfaden in ihrem Leben machen und an den jährlichen Festen teilnehmen, die sich ihnen enthüllen, dass sie erst dann sehen werden, was Erlösung wirklich ist – ganz genau wie auch die Gläubigen vom alten Israel? Wie dem auch sei, alle diejenigen, die es heutzutage lernen, die Torah in ihrem eigenen Leben anzuwenden, erleben ein tiefes und gründliches geistliches Wachstum.

Dieses Buch ist ein Schadchan

Wegen der direkten Parallelen zwischen Josias Zeit und der unsrigen haben wir den Bericht von Josia und der Wiederentdeckung der Torah als Prolog für dieses Buch ausgewählt. Genau wie er und seine Untertanen auf die Worte der Schriftrolle eingingen, die vor so langer Zeit ausgegraben wurde, fangen heute viele Einzelpersonen und Gemeinden an, die Torah für sich selbst wieder zu entdecken, und ernten bereits freudig die Resultate ihrer Funde.

Der Zweck dieses Buches ist es, Ihnen zu helfen, die Torah für Sie selbst wieder zu entdecken. Diese Seiten beabsichtigen, Ihnen behilflich zu sein, die Torah so kennen zu lernen, wie sie wirklich ist: als das geschriebene Wort Gottes. In anderen Worten: Wir wollen die Aufgabe eines jüdischen *Schadchan,* eines Ehestifters, übernehmen, der Pärchen zusammen führt mit der Hoffnung, dass sich daraus eine wunderbare und bleibende Ehe ergibt.

Dürfen wir zu Ihrem Ehestifter werden, zu Ihrem Schadchan? Wir möchten Ihnen eine wunderbare, liebende, gebende, gnädige und segensreiche Freundin vorstellen: die Torah. Wir möchten Ihnen helfen, sie kennen zu lernen und dabei nicht alleine ihre Schönheit zu sehen, sondern auch all die anderen grossartigen Qualitäten, die sie besitzt.

Bitte ignorieren Sie alle Gerüchte, die Sie vielleicht gehört haben. Geben Sie der Torah eine Chance! König Salomon sprach über Weisheit in einer Weise, wie wir über die Torah sprechen würden:

> "Die Weisheit ruft laut auf der Strasse und lässt ihre Stimme hören auf den Plätzen. Sie ruft im lautesten Getümmel, am Eingang der Tore, sie redet ihre Worte in der Stadt: Ihre Wege sind liebliche Wege, und alle ihre Steige sind Frieden. Sie ist ein Baum des Lebens allen, die sie ergreifen, und glücklich sind, die sie festhalten. Durch Weisheit wird ein Haus gebaut und durch Verstand erhalten, und durch ordentliches Haushalten werden die Kammern voll kostbarer, lieblicher Habe." (Sprüche 1, 20 + 21 und 3, 17 + 18 und 24, 3 + 4)

Dieses Buch beabsichtigt all jenen zu helfen, die nie eine Chance hatten, die Torah kennen zu lernen oder gar zu entdecken, welch eine Freude sie ihnen bereiten kann. Ja, sicher, sie kann auch missbraucht werden, wenn Sie aber die Torah so mit Gott in Beziehung setzen, wie Er sie entworfen hat, können Sie sicher sein, dass die Torah Ihnen viele glückliche, gemeinsame Jahre schenken und Sie in eine neue tiefe Vertrautheit zu Ihrem Gott hinführen wird.

Dieses Buch beabsichtigt nicht, eine erschöpfende theologische Abhandlung zu sein; obwohl alles, was hierin geschrieben wurde, auf solider biblischer Theologie basiert. Wir schrieben es vielmehr für diejenigen, die ein neues Aufrütteln in der Tiefste ihres Herzens verspüren, die wahre Torah kennen zu lernen – beides, das geschriebene Wort und das fleischgewordene Wort, das unter uns wohnt: Jeschua den Messias. Unser Gebet ist, dass dieses Treffen zu einer ehelichen Verbindung wird.

Einleitung

Wenn es ein Gebiet von missgeleitetem theologischen Denken für Gläubige gibt, dann ist es dieses von der Lehre über die Torah. Die meisten evangelikalen Bibelschulen und Seminare führen ja nicht einmal ein Lehrfach, das "Torah" genannt wird. Im Vergleich jedoch ist, neben "Gott" und "die Menschen von Israel", die Torahlehre eine von drei Hauptstudiengebieten in den Jeschivot (jüdische religiöse Ausbildungsinstitute) und in jüdischen Seminaren. Das bedeutet, gemäss dem messianisch jüdischen Gelehrten David Stern, dass mindestens ein Drittel des Studienmaterials potentieller Rabbiner von den evangelikalen Gläubigen kaum berücksichtigt wird. Muss man sich dann eigentlich wundern, dass es so wenig gemeinsamen Gesprächsstoff gibt, wenn sich Nachfolger Jeschuas mit jüdischen Leuten treffen, die den Messias noch nicht kennen?

Stern spricht von der Erfordernis eines Aufwachens der Gläubigen zur Notwendigkeit des Torahverständnisses, indem er vermerkt: "Ich glaube, dass das Christentum in seinem Umgang mit diesem Thema sehr weit in die Irre gegangen ist, und dass es jetzt die dringendste Aufgabe der Theologie ist, die heutige Sicht zum Gesetz [der Torah] wieder richtig zu stellen". [1]

In diesem Buch werden wir anfangen, uns in das Wiederentdecken der Torah zu vertiefen. Zuerst werden wir die Torah als Dokument untersuchen. Im Kapitel Zwei werden wir ihre verschiedenen Absichten betrachten. Kapitel Drei wird die Torah als Lebensstil überprüfen. In Kapitel Vier und Fünf werden wir sehen, wer der Torah gehorcht und einige der Motivationen für ihr Handeln erforschen. Schliesslich wird der Hauptteil des Buches mit einer kurzen Diskussion über falsches jüdisches und christliches Verständnis der Torah abschliessen.

Über was reden wir? Die Definition der Torah

Im traditionellen jüdischen Denken bezieht sich das Wort Torah auf ein eher breites Verständnis aller massgebenden Lehren der Rabbiner. Aber es gibt auch eine Anzahl weiterer Definitionen:

- das jüdische Gesetz, wie es in der Bibel und auch im Talmud (ein Kompendium der mündlich überlieferten Torah) aufgeschrieben ist
- der Tanach (das gesamte Alte Testament)
- die ersten fünf Bücher der Bibel, vom 1. Buch Mose bis zum 5. Buch Mose (auch Chumasch genannt)
- das Bündnis, das Gott mit Mosche (Moses) am Berg Sinai machte (denn es beinhaltet individuelle Lehren, oder Torahs)
- jegliche Lehren der ersten fünf Bücher der Bibel

Rabbinisch-jüdisches Denken hat sich dafür ausgesprochen, dass es zwei Torahs gibt: eine schriftliche Torah und eine mündliche Überlieferung (Torah). Wenn die Rabbis in diesen Fachausdrücken reden, definieren sie üblicherweise die schriftliche Torah als *Chumasch* (Pentateuch oder erste fünf Bücher der Bibel). Diese Torah wurde von Mosche aufgeschrieben, so wie er sie von Gott selbst auf dem Berg Sinai empfangen hatte. Andererseits behaupten die Rabbiner, dass Mosche auf dem Berg Sinai auch die mündliche Torah von Gott erhielt. Jedoch wurde diese Torah jahrhundertelang mehr durch mündliches Erzählen als durch schriftliche Worte weitergegeben. Die vielleicht deutlichste Aussage dieser Idee finden wir in *Pirke Avot* ("Sprüche unserer

Väter"), einem Teil der *Mischna* (die schriftliche Version der mündlichen Torah). In Avot 1,1 lesen wir: "Mosche empfing die Torah vom Sinai und übergab sie Jehoschua, und Jehoschua den Ältesten, die Ältesten den Propheten, und die Propheten übergaben sie den Männern der grossen Synode."

Schlussendlich wurde unter Ermächtigung von Rabbi Jehuda haNasi anfangs 200 uZ (nach unserer Zeitrechnung) diese mündliche Lehre doch noch aufgeschrieben. Da die Rabbiner glauben, dass auch dieses Gedankengut von Gott auf dem Berg Sinai gegeben wurde, muss man berücksichtigen, dass diese für sie genauso massgeblich ins Gewicht fällt wie der geschriebene Chumasch. Für uns trifft dies nicht zu. Indem wir dies sagen, meinen wir jedoch nicht, dass im Lesen und Studium des Talmud und anderer rabbinischer Schriftwerke kein Wert liegt. Eine vollständige Diskussion darüber können Sie im Kapitel Sechs dieses Buches finden.

Für unsere Zwecke werden wir das Wort "Torah" hier auf zwei Arten benützen: Erstens, um auf die ersten fünf Bücher der Bibel zu verweisen – von denen wir behaupten, dass alle vom Munde Gottes kamen und mit perfekter Genauigkeit von Mosche aufgeschrieben wurden – und zweitens als Referenz zu einer ganz bestimmten Lehre innerhalb der Fünf Bücher Mose.

So, nun wollen wir beginnen, Ihnen dieses göttliche Dokument wieder neu vorzustellen. Vielleicht ist es Ihnen auch von früher her bekannt, als eine Art Liste von Dingen die wir zu tun oder zu lassen haben. Jetzt ist für Sie die Zeit gekommen, zu untersuchen wie einzigartig und auch vielfältig dieses Dokument wirklich ist, das sich Gottes Torah nennt!

Kapitel Eins
Ein einzigartiges Dokument

Ein einzigartiges Dokument

Nachdem wir nun definiert haben, was wir mit dem Begriff „Torah" meinen, lasst uns nachschauen, welche Art von Dokument sie ist. Für einige mag es auch wie eine überflüssige Frage erscheinen. „Es ist das Gesetz", sagen sie. Richtig, es beinhaltet einige Gesetze. Aber nur durch eine genaueste Untersuchung entdeckten wir, dass die Torah viel umfangreicher als diese einfache Beschreibung ist.

Lehre

Zuerst und am allermeisten ist die Torah Gottes Lehre. Dies ist die primäre Bedeutung des Hebräischen Wortes Torah (תּוֹרָה). Das Wort bedeutet nicht „Gesetz", sondern es bedeutet „Lehre". Ferner kann man die Wurzel des hebräischen Wortes „Torah", zurückverfolgen. Sie drückt folgendes aus: „einen Pfeil schiessen" oder: „ins Schwarze treffen". Infolgedessen „bedeutet das Wort ‚Torah' buchstäblich ‚lehren'; – ob es der weise Vater ist, der seinen Sohn unterrichtet, oder Gott, der Israel unterrichtet." [2] Aus diesem Grunde können wir sagen, dass die „Torah" Gottes Lehre ist und ins Schwarze trifft: hinsichtlich der Nöte der Menschen und einschliesslich des Wissens wer Gott ist und wie Seine Gerechtigkeit aussieht.

Die Torah ist ein Dokument, in welchem Gott selbst sich uns, den Menschen geoffenbart und uns über sich und Seine Gerechtigkeit gelehrt hat. Von der Torah können wir all die theologischen Leitgedanken erlernen, die über den ganzen Rest der Bibel verbreitet sind. Wie zum Beispiel Sünde, Opfer, Erlösung, Heiligung – und Messias, der Eine der alles vollendet.

Ein Bündnis

Zweitens ist die Torah ein Bündnis. Damit wollen wir sagen, dass die Torah ein rechtsgültiges, bindendes Abkommen zwischen Gott und Seinem eigenen Volk ist. Der Beweis dafür ist überwältigend. Die Torah verweist mehrere Male auf einen Bund *(brit)*. Wir könnten eine Vielzahl von Referenzen zitieren, jedoch sollten zwei genügen.

Der erste Abschnitt ist aus 2. Mose 34, 27. Im Zusammenhang lesen wir vom Geben der ersten schriftlichen Offenbarung, welches die Zehn Gebote, zusammen mit noch anderen Anweisungen beinhaltet. „Und der HERR sprach zu Mosche: ‚Schreib dir diese Worte auf; denn auf Grund dieser Worte habe ich mit dir und mit Israel einen Bund (brit) geschlossen.' "

Die zweite Referenz ist im 5. Mose 28, 69. Über 40 Jahre nach den Ereignissen aus 2. Mose 34 ist Mosche nun nahe am Ende seines Lebens. Er hatte bereits sehr viele Lehren und Anweisungen Gottes aufgezeichnet. Jetzt, kurz vor dem Einzug in das Verheissene Land, fasst Mosche alle Lehren von Gott zusammen und nennt es wieder ein Bündnis. Er sagt:

> „Dies sind die Worte des Bundes, den der HERR dem Mosche geboten hat, mit Israel zu schliessen im Lande Moab, neben dem Bund, den Er mit ihnen geschlossen hat am Horeb."

Da die Torah ein Bündnis ist, sind beide betroffenen Teile einigen bestimmten rechtlichen Verpflichtungen unterworfen. Gott, der diesen Bund eingeleitet hat, verpflichtet sich, Seine Worte, die Er im Bündnis gesprochen hat, zu halten. Israel, der

Empfänger dieses Abkommens, ist genauso gebunden dasselbe zu tun. In gewisser Hinsicht könnte man sagen, dass die Torah – aus dieser Perspektive verstanden – eigentlich die staatliche Verfassung für den Staat Israel ist. Dies wird besonders klar, wenn angesichts geschichtlicher Nachforschungen die Torah als Verfassung untersucht und mit anderen nationalen Verfassungen ihrer Zeit verglichen wird.

In den letzten Jahren gab es viele Dokumentationen über faszinierende Forschungen, die von Gelehrten wie George Mendenhall, Meredith Kline und anderen abgeschlossen wurden. Sie verglichen die Dokumente der Torah mit anderen Dokumenten im selben historischen Zeitraum (vom fünfzigsten bis dreizehnten Jahrhundert vuZ). Speziell geschriebene Abhandlungen zwischen Nationen und ihren eroberten Reichen oder Vasallenstaaten wurden untersucht und mit der Torah verglichen. Die Ähnlichkeiten in Form und Struktur sind auffallend. Diese Parallelen sind uns äusserst hilfreich, um unser Verständnis von der Torah als ein Bündnisdokument zu verbessern.

Um dies zu erläutern, lasst uns die typische Form eines alten Hittiter Vertrages mit der Aufmachung des 5. Buches Mose vergleichen. Es wurde festgestellt, dass das Standardkonzept für solche Vasallen-Abkommen ungefähr wie folgt aussieht:

Vorrede – ein grundlegender einleitender Paragraph eines Vertrages

Historischer Prolog – die Taten des grossen Königs, und was er für den Vasallenstaat getan hat

Bedingungen – der Grossteil des Vertrages/Bündnisses, die Erwartungen des Vasallenstaates

Segen und Fluch – Belohnungen für Unterwerfung und Strafen für Verstosse gegen das Bündnis

Zeugen – die Unterschriften von bestimmten, hervortretenden Personen, welche die Mitwirkenden des Vertrages sind, um ihm Gesetzeskraft zu verleihen

Nachfolger bestimmen (freiwillig) – Vorkehrungen im Bündnis um festzulegen, wer den Platz des grossen Königs einnehmen wird

Vorsorge zum Ablegen des Bündnisdokuments (freiwillig) – Besprechen, wo der Bündnisvertrag oder Kopien davon gelagert werden sollen

Lasst uns nun diese Aufmachung mit dem 5. Buch Mose vergleichen!

Vorrede (5. Mose 1, 1 – 5) – gibt grundlegende, einleitende Bemerkungen über das 5. Buch Mose

Historischer Prolog (5. Mose 1, 6 – 4, 49) – ein Wiedererzählen von dem, was der grosse König (Gott) alles für Israel getan hat

Bedingungen (5. Mose 5, 1 – 26, 19) – der Grossteil des Buches, welches unter Laien als das „Gesetz" bekannt ist, genauer jedoch: die Bedingungen die Gott, der grosse König, Israel für den Erhalt dieses Bündnisses gab

Segen und Fluch (5. Mose 27 – 30) – die Konsequenzen für Israel, wenn sie den Bund einhalten oder brechen

Zeugen (5. Mose 30, 19) – Gott ruft Himmel und Erde zu Zeugen dieses Bundes

Nachfolge (5. Mose 31, 1 – 8) – Gott sorgt für Josua als Mosches Nachfolger, wenn er stirbt

Ablegen / Lesen (5. Mose 31, 9 – 13) – Vorkehrungen werden getroffen, um das Bündnis in die Bundeslade zu legen und öffentlich zu bestimmten Zeiten zu lesen.

Was sagt uns das alles? Eines ganz sicher: Aus historischer Sicht unterstützen diese klaren Parallelen zwischen den Trabanten-Verträgen und der Torah die evangelikale Behauptung, dass die Torah das ist, was sie ausgibt zu sein: ein sinnvoll zusammenhängendes Dokument, welches von Mosche in der

Mitte des späten zweiten Jahrhunderts vuZ aufgeschrieben wurde.

Zweitens, können wir jetzt anfangen zu sehen, dass die Torah nicht nur eine Liste von dem ist, was wir zu tun und zu lassen haben. Vielmehr ist sie ein äusserst wichtiges Dokument, welches die legale, bindende Beziehung zwischen Gott und Israel beschreibt. Darüber hinaus wurde es von Gott gegeben, um auch als staatliche Verfassung für den Staat Israel zu dienen. Denn durch sie ist alles mit inbegriffen: von der Einleitung (vergleiche mit: „Wir das Volk" aus der Amerikanischen Verfassung) bis hin zur Bestätigung durch formelle Zeugen. Das „Tun oder Lassen" sind lediglich ein gesetzliches Erfordernis, durch welches Israel, die erlöste Nation, seine Vertragsbeziehung vor dem Grossen König aufrecht erhalten und den Nutzen daraus geniessen kann.

Eine Ketuba

Obwohl sich die Torah selbst als ein legales Bündnis beschreibt, und wie wir gesehen haben auch als staatliche Verfassung dient, gibt es einen Teil in der Torah, der andeutet, dass es auch noch eine andere Art von Dokument ist. Man darf nicht zu dogmatisch über diesen Punkt sein, aber es scheint genügend Beweise innerhalb der Torah zu geben, die einen veranlassen, sie mit dem Etikett ‚Ketuba' zu versehen. Eine Ketuba ist ein formell geschriebenes Dokument, das die Bedingungen eines jüdischen Ehevertrages festhält. „Die ‚Ketuba' hat auch eine symbolische Bedeutung. Da die Braut und der Bräutigam Israel und Gott am Sinai – als die Torah gegeben wurde – verkörpern, stellt die Ketuba das ‚Buch des Bündnisses' dar" – die Torah![3] Deshalb gibt es, laut Rabbi Kaplan, einen Zusammenhang zwischen der Torah und einem Ehevertrag.

Den ersten Hinweis kann man im 2. Mose 6, 6 + 7 finden. Es ist die Stelle, an der Gott Mosche erzählt, was Er mit Israel durch ihn vorhat. Kurz gesagt, Gott verspricht, Er wird sie „wegführen“; Er wird sie „erretten“ von ihrer Knechtschaft (sie vom Joch der Sklaverei befreien); Er wird sie „erlösen“ und Er wird sie „annehmen“ als Sein Volk (diejenigen von Ihnen, die *Pesach* [das Passah Fest] kennen, werden sich an diese vier Verben erinnern, die zu den Namen der vier Becher Wein werden, die man während dem *Seder* [Passahmahl] zu sich nimmt).

Das letzte Verb „annehmen“ wird auch an anderen Stellen im Tanach benützt, um unter anderem zu beschreiben was passiert, wenn ein Mann eine Frau zur Ehefrau „nimmt“. Im umliegenden Text von 2. Mose 6 sieht es aus, als ob Gott Israel zu Seiner Frau nimmt. Aber wann ist die Hochzeit?

Gemäss traditionell jüdischem Denken fand die Hochzeit zwischen Gott und Israel am Berg Sinai statt. Obwohl dieser biblische Text nicht speziell erwähnt, dass eine Hochzeit stattfand, sind die Ähnlichkeiten zwischen dem Phänomen, das sich am Berg Sinai ereignete, und einer traditionellen jüdischen Hochzeit überwältigend. Erstens gab es eine *Chuppa,* oder Baldachin. Wir können das im 2. Mose 19, 9 sehen, wo Gott sagt: „Ich will zu dir kommen in einer dichten Wolke...“ Die Wolke war eine Decke die man sehen konnte, als Symbol für die Chuppa, unter welcher die Braut dem Bräutigam begegnet.

Jeder Bräutigam hat einen liebkosenden Namen für seine Braut, der ihn daran erinnert, wieviel sie ihm bedeutet. Gott gab Israel einen solchen Namen. Im 2. Mose 19, 5 – 7 sagt Gott zu Israel, dass sie Sein „geliebtes Eigentum“ ist. Das Hebräische Wort dafür heisst *Segulah.* Man findet es auch in nicht-religiösen Texten der selben Zeitrechnung: Es wurde von Königen benutzt, die damit zeigten, wie wertvoll sie bestimmte Gegenstände von einer eroberten Nation erachteten. Während der König natürlich all seine Besitztümer sehr schätzte, wurden nur einige wenige, bestimmte, wertvolle Schätze besonders gehegt, gepflegt, beschützt und geehrt. Diese waren seine *Segulot.* Wenn also Gott Israel Seine Segulah nennt, dann ist das eine äusserst liebkosende Bezeichnung. Er sorgt für Seine ganze Schöpfung, aber Israel erachtet Er als Seine spezielle Braut.

Ein Hauptbestandteil der Hochzeit ist die Ketuba selbst – welche sowohl zum Beweis der Rechtmässigkeit dient als auch um beide Beteiligte an ihre gemeinsame Verantwortung für das Funktionieren dieser Ehe zu erinnern. In diesem Fall ist die Ketuba die Torah, wie es im 2. Mose 20 zusammengefasst wird: der Ehevertrag zwischen Gott und Israel. Gott sorgte sogar für zwei Kopien: eine für sich selbst und eine für sie! Beide sollten in der Bundeslade aufbewahrt werden. Deshalb lesen wir im 2. Mose 31, 18: „Und als der Herr mit Mosche zu Ende geredet hatte auf dem Berg Sinai, gab Er ihm die beiden Tafeln des Gesetzes; die waren aus Stein und beschrieben von dem Finger Gottes."

Und schliesslich: was ist eine Hochzeit ohne Ring? Der Ring dient als äusseres Symbol des Ehevertrages. Wo ist der Ring in dieser Ehe? Er ist im 2. Mose 31, 12 – 17 zu finden. Im Vers 13 wird uns gesagt, dass Gott den *Schabbat* (Sabbat) als Zeichen – in Hebräisch ot (t v a) – zwischen sich selbst und den Kindern Israel für alle Zeiten gab. Ja, der Schabbat als Zeichen des Bündnisses ist sogar so wichtig, dass es in diesem Abschnitt (Vers 17) noch einmal wiederholt wird. Und so ist nun der Schabbat der Ring, das äussere Zeichen dieses Ehevertrages.

Jeschuas Siegel der Zustimmung

Die Torah ist einzigartig, weil sie ein Bündnis ist, eine staatliche Verfassung und ein Ehevertrag. Sie ist aber auch einzigartig auf Grund der Art, wie Jeschua sich auf sie bezog. Obwohl es in vielen Kreisen heute nicht zugegeben wird, war unser Messias der grösste Torahlehrer, der je lebte. Allen Seinen Lehren liegt die Meinung zu Grunde, dass Gottes Bündnisfamilie eine lebendige, bedeutungsvolle und fortwährende Beziehung zur Torah haben sollte. In anderen Worten: Im Verständnis Jeschuas ist es eines der Hauptziele der Torah, den Lebensstil der erlösten Gemeinde zu erklären.

Matthäus 5, 17 – 20 lehrt uns dies sehr deutlich. In diesem Abschnitt sagt Jeschua ganz gerade heraus, dass Er nicht kam, um die Torah abzuschaffen. Zusätzlich tadelt Er alle, die versuchen, sie als ungültig hinzustellen. Er sagt: „Wer nun eines von diesen kleinsten Geboten auflöst und lehrt die Leute so, der wird der Kleinste heissen im Himmelreich; wer es aber tut und lehrt, der wird gross heissen im Himmelreich."

Um Seine Aussage zu unterstützen, lässt Er sich danach auf eine Serie von Lehren ein (Matthäus 5 – 7), in welchen er volkstümlich verbreitetes Verständnis verschiedener Torahstellen durch Aufstellen eigener Auslegungen herausfordert. Er erreicht dies durch den wiederholten Spruch: „Ihr habt gehört, dass zu den Alten gesagt ist (irrtümliche Lehren der Rabbis), ich aber sage euch (richtige Auslegung)." Diese Art, das Wort Gottes zu erforschen, meinte Er als Er sagte: „Ihr sollt nicht wähnen, dass ich gekommen bin, das Gesetz oder die Propheten aufzulösen; ich bin nicht gekommen aufzulösen, sondern zu erfüllen." (Matthäus 5, 17) Jeschua sprach die Sprache und allgemein verbreitete Redeweise der Rabbiner aus Seiner Zeit. Gemäss Gelehrte David Bivin und Roy Blizzard Jr.:

> „Zerstören" [auflösen] und „erfüllen" sind technische Redewendungen einer rabbinischen Steigerung. Wenn ein Rabbi meinte, dass ein Kollege einen Bibelabschnitt falsch ausgelegt hatte, würde er zu ihm sagen: „Du zerstörst das Gesetz!" Was für den einen Rabbi „Zerstörung des Gesetzes" bedeutete, war für einen anderen die „Erfüllung des Gesetzes" (ein richtiges Auslegen der Schrift). [4]

Wenn, wie einige sagen, der Gläubige keine bedeutungsvolle Beziehung zur Torah zu haben braucht, dann wäre dieser Abschnitt in Matthäus der passendste Ort für Jeschua gewesen, dies auch so zu lehren. Aber wie wir sehen, tat Er es nicht.

Es gibt noch einen anderen wichtigen Abschnitt in der *Brit Chadascha* (Neues Testament), der Jeschuas Siegel der Zustimmung zur Torah erhält. In Lukas 24 offenbart sich Jeschua nach Seiner Auferstehung zweien Seiner Nachfolger, während Er mit ihnen auf der Strasse nach Emmaus ging. „Und Er fing an bei Mosche und allen Propheten und legte ihnen in der ganzen Schrift aus, was darin von Ihm gesagt war." In Vers 44 sagt Er wieder etwas Ähnliches: „Das ist's, was ich zu euch sagte, als ich noch bei euch war: Es muss alles erfüllt werden, was von mir geschrieben ist im Gesetz des Mosche, in den Propheten und in den Psalmen." Könnte es sein, dass Er uns durch das Verwenden des Wortes „erfüllt" sagen möchte, dass man die Torah und den Rest des *Tanach* (Synonym für das Alte Testament) nur dann richtig auslegen kann, wenn man versteht, wie sie über Ihn selbst sprechen?

Jeschua sagte nachdrücklich, dass die Torah so verstanden werden muss, dass man Ihn in allen ihren Lehren sieht. Genau dies drückt ein äusserst wichtiges wissenschaftliches Auslegungsprinzip (Hermeneutik) für korrekte Torahdeutung aus: Wir können es lernen, jeglicher Lehre zu folgen, wenn wir einmal gelernt haben, wie sie den Messias offenbart.

Darüber hinaus war Jeschuas Leben eine perfekt ausgelebte schriftliche Torah. Er war so sehr auf die Torah bezogen, dass einige Seiner ersten Nachfolger Ihn als *haTorah* – „Die Torah" – bezeichneten! [5]

Die Torah ist also weit mehr als eine stolze Liste von Gesetzen, die man unmöglich alle einhalten kann. Sie ist ein Unterrichtsdokument, das über Gott und Seine Wege lehrt, ein legaler Bund zwischen Gott und Israel und die staatliche Verfassung von Israel. Sie beschreibt wie der Grosse König selbst möchte, dass Sein Volk in Seinem Reich lebt und webt; sie ist ein heiliger Ehevertrag zwischen Gott (dem Bräutigam) und Israel (Seiner Braut).

Während jedoch ihre Rolle als rechtliches Bündnis äusserst wichtig ist, wurde die Torah auch entworfen, um viele andere Aufgaben zu erfüllen. Lasst uns nun einige davon ansehen und anfangen, unsere korrekte Beziehung zur Torah als Ganzes zu diskutieren.

Kapitel Zwei

Das kann die Torah bewirken

Das kann die Torah bewirken

Die Absichten der Torah

In Kapitel Eins definierten wir die Torah als dreifaches Dokument: erstens ein Bündnis zwischen Gott und Israel; zweitens die staatliche Verfassung von Israel; und drittens die Hochzeits-Ketuba zwischen Gott, dem Ehemann, und Israel, Seiner Braut. Aufgrund dieser Punkte können wir mehrere verschiedene Absichten der Torah erkennen, wovon die meisten in der Brit Chadascha gelehrt werden.

Scha'ul von Tarsus (Paulus) war wegen seiner ausgedehnten rabbinischen Ausbildung und seines Denkens mehr als befähigt, über die Absichten der Torah zu unterrichten. In vielen seiner Briefe an die verschiedenen Gemeinden von Gläubigen legte er die Zwecke der Torah dar – sowohl die negativen wie auch die positiven. Bevor wir jedoch anfangen diese aufzulisten, muss ein Wort hinsichtlich der richtigen Auslegung von Scha'ul gesagt werden. Der Grund dafür ist offensichtlich. Er – vielleicht mehr als jeder andere Theologe – ist sehr missverstanden und verleumdet worden, sowohl von den jüdischen wie auch den evangelikalen Gelehrten.

Wie Rav Scha'ul zu verstehen ist

Wenn man Rav Scha'ul verstehen will, muss man an zwei grundlegende hermeneutische Prinzipien denken. Das erste ist das

Bewahren der Harmonie in der Heiligen Schrift. Mit anderen Worten: Schrift kann Schrift nicht widersprechen. Zum Beispiel: Die Geschehnisse von Apostelgeschichte 21 passierten, nachdem Scha'ul den Galater- und Römerbrief geschrieben hatte. In Apostelgeschichte 21 wird Scha'ul klar als ein getreuer Nachfolger der Torah von Mosche porträtiert – wie es auch zehntausende andere jüdische Gläubige in Jeschua waren! Bitte sehen Sie sich die Verse 15 – 26 ganz genau an. Jemand mit dem Führungsstatus, wie ihn Scha'ul von Tarsus hatte, würde nicht in einer Art und Weise leben, die seinen Lehren widerspricht. Das heisst, er würde nicht streng nach der Torah gelebt haben, während er andere Gläubige lehrte, dass die Torah keinen Platz in ihrem Leben zu haben braucht. Dies hätte Scha'ul als einen hilflos paradoxen Lehrer beschrieben, der bewirkt, dass sich sogar die Heilige Schrift widerspricht.

Das zweite hermeneutische Prinzip ist der *Kontext* (der Zusammenhang). Beide, der unmittelbare Zusammenhang und der des ganzen Buches oder Briefes sind wichtig. Nehmen wir zum Beispiel Scha'uls Brief an die Galater. Es ist wichtig zu wissen, dass es im Umfeld der Galater Menschen gab, die glaubten, dass Errettung vom Gehorsam zur Torah abhängig ist. Wegen dieser Irrlehre ist es einleuchtend, dass Scha'uls Briefe viele eher negative Aussagen gegen den Gebrauch der Torah beinhalten. Aber solche Aussagen sollten alle im Zusammenhang des Briefes beleuchtet und interpretiert werden. Scha'uls primäre Absicht im Galaterbrief war es nicht, die Anwendung der Torah im Leben der Gläubigen zu lehren, sondern vielmehr zu betonen, dass man durch ein Leben nach der Torah seine Rechtfertigung weder verdienen noch behalten kann. Der selbe Gedanke gilt auch für den Römerbrief.

Leider haben viele Ausleger von Scha'uls Schriften diese wissenschaftlichen Auslegungsprinzipien (Hermeneutik) nicht entschlossen genug angewendet. Somit wird Scha'ul als entweder verwirrt, widersprüchlich, anti-jüdisch oder als Gründer einer neuen Religion, die sich „Christentum“ nennt dargestellt. Er ist nichts von alledem! Er ist einfach nur die Art von jüdischer Person, wie Gott die Söhne Jakobs die ganze Zeit schon wollte: solche, die treu die Gute Nachricht vom sühnenden Tod und der Auferstehung des Messias den Heiden bringen und die Botschaft passend auf sie anwenden.

Mit all diesem Wissen lasst uns nun anfangen, in groben Zügen einiges über die Torahziele nach Scha'uls Verstehen darzustellen:

1. Die Torah soll nicht befolgt werden, um Rechtfertigung vor Gott zu erlangen

Wie wir bereits oben gesagt haben, ist dies der wesentliche Punkt des Briefes an die Galater und einer der Hauptpunkte im Brief an die Römer. Römer 3, 20 lehrt: „...weil kein Fleisch durch des Gesetzes Werke [oder irgendein legales System, im Zusammenhang von Römer 2 – 3] vor Ihm gerecht sein kann." Diese Menschen versuchten die Torah (wie auch andere legale Systeme) zu befolgen, um gerettet zu werden. Zu solchen Menschen sagte Scha'ul nachdrücklich „Die Torah ist nutzlos!" Weshalb nutzlos? Weil die Torah als ein Lebensstil für jemanden gedacht ist, der bereits gerechtfertigt und erlöst ist.

2. Die Torah hilft dem Menschen, seine eigene Sündhaftigkeit zu erkennen

In so gut wie allen Briefen von Scha'ul gibt es dazu mehrere Aussagen. Der Rest aus Römer 3, 20 wird genügen, um dies zu erläutern. Scha'ul sagt: „Denn durch die Torah kommt Erkenntnis der Sünde." Das griechische Wort, hier als „Erkenntnis" übersetzt, sollte mit „Wiedererkennen" übersetzt werden. Die Torah sagt den Leuten nicht was Sünde ist; vielmehr können die Menschen die Sündhaftigkeit ihrer Sünde durch die Torah sehen! (Diese Funktion betrifft in erster Linie diejenigen, welche noch nicht erlöst sind).

3. Die Torah bringt den Zorn Gottes

Römer 4, 15 sagt: „Denn die Torah richtet nur Zorn an…“ Noch einmal: das Umfeld von diesem Vers zu kennen ist äusserst wichtig. Scha'ul betont im Römerbrief, dass bei jedem der Schuss nach hinten losgehen wird, der es probiert, die Torah als Rechtfertigung vor Gott zu benützen! Er wird feststellen, dass er gar nicht vollkommen gehorsam sein kann und deshalb nur Verdammung erzielt.

Rechtfertigung war immer und wird immer als ein Geschenk von Gott gewährt werden, gegründet auf persönliches Vertrauen in das, was Jeschua durch seinen sühnenden Tod und nachfolgender Auferstehung vollendet hat. Für jeden, der versucht, Rechtfertigung durch Torahgehorsam zu verdienen, wird die Torah nur zum Verdammen dienen. Und für diesen Zweck wurde sie nicht entworfen.

4. Die Torah handelt als Beschützer

In Galater 3, 23 ff spricht Scha'ul von der Rolle der Torah als Beschützer. Dieser Gedanke verlangt etwas Erklärung. Erstens lasst uns sehen, was Scha'ul mit dem Galaterbrief im Sinn hatte und dann den Begriff etwas mehr ausweiten. Abschliessend werden wir diesen Abschnitt mit einer einfachen Zusammenfassung beenden.

Der Pädagoge

Scha'ul nahm dazu ein sehr bekanntes Beispiel aus dem alten Griechisch-Römischen Reich, von dem auch er ein Teil war. Gut gestellte Familien stellten oft jemanden an als Beschützer für ihre Kinder, wenn sie diese zu ihren Lehrern schickten. Der Beschützer war nicht der Lehrer, sondern nur jemand der sicherstellte, dass das Kind gefahrenfrei zu seinem Lehrer kam. Scha'ul benützte diese Art der Sprache im Galater 3, 22 ff um zu erläutern, wie die Torah als Beschützer dient.

Wie besorgt sich nun Gott solche Leute? Einer Seiner Wege – obwohl nicht der Einzige – ist Seine Wahl, dies durch die Torah zu tun. Nach Galater 3, 22 ff kann die Torah als Pädagoge tätig sein, wie das griechische Wort für „Tutor" vom Vers 24 eigentlich übersetzt werden sollte. Die Arbeit eines Pädagogen war es „den Buben oder Jugendlichen zu und von der Schule zu geleiten und sein Benehmen zu beaufsichtigen... er war kein ‚Lehrer'".[6] (Bitte beachten Sie: Die Definition vom griechischen Wort *paidagagos* unterscheidet sich vom heutigen modernen Gebrauch des Wortes „Pädagoge".) Er war also so etwas wie ein Leibwächter, der half, die Sicherheit des Schülers auf dem Weg zu seinem Lehrer zu gewährleisten.

Im Vers 23 erklärt Scha'ul dieses beschützende Konzept mit einem etwas anderen Beispiel. Er benützt dazu ein Wort, das für gewöhnlich mit „verwahrt" übersetzt wird. Jedoch wurde dieses griechische Verb *sugkleio* in einer solchen Art und Weise überliefert, dass Übersetzer unwillentlich einen negativen Schatten auf die Torah warfen. Sie schilderten es als etwas, das Menschen wie Gefangene gefesselt hält. Das Wort kann jedoch eine leicht andere Bedeutung zum Ausdruck bringen. Es kann auch mit „ganz verschliessen", „umringen" oder „einzäunen" im positiven Sinne übersetzt werden. Von diesem Blickwinkel aus betont der Vers mehr den Schutz als die Gefangenschaft. Darüber hinaus passt diese Übersetzung auch gut zum Begriff des Pädagogen.

So wurde also durch die Torah beabsichtigt, die geistige, moralische und soziale Sicherheit der Umgebung zu bewahren, in die jemand hineingeboren worden war und darin aufwuchs. Die Person war dann beschützt „bis auf die Zeit, die der Vater bestimmt hat" (Galater 4, 2), d.h. wenn der Geist Gottes sie zum Lehrer, dem Messias, führen würde. Lasst uns nun genau untersuchen, wie die Torah solches tut.

Das gewisse Wort „Gesetz“

Um diese Aufgabe anpacken zu können, müssen wir unsere Originaldefinition der Torah sorgfältig ausarbeiten. Wir haben bereits festgestellt, dass das Wort *Torah* die Lehre oder der Unterricht bedeutet. Es gibt viele solcher Torahs in der Sammlung der Lehren, die wir als die Torah bzw. die ersten fünf Bücher der Bibel bezeichnen. Neben den Lehren selbst beinhaltet die Torah auch Geschichten, Gedichte und historische Schriftstücke (welche an sich auch Lehren sind).

Zusätzlich finden wir in der Torah eine andere Art von Inhalt, der mit dem Wort Torah sehr nahe verwandt ist. Wir meinen hier die *mischpatim, mitzwot* und *chukim.* Üblicherweise wurden diese Worte mit „Gerichte“, „Gebote“ und „Satzungen“ ins Deutsche übersetzt. Diese Worte betonen den legalen Aspekt der Torah. In gewisser Hinsicht und wegen dieser Worte ist die Torah ein „Gesetz“. Aber sie ist nicht ein Gesetz, das man befolgen muss, um sich Gerechtigkeit vor Gott zu sichern oder zu verdienen. Vielmehr ist sie ein Gesetz, das als bewahrendes Hindernis tätig ist. Die Gerichte, Gebote und Satzungen zusammen mit den Lehren dienen alle dazu, Gottes Volk zu beschützen. Es ist sehr ähnlich wie der Gedanke, dass wir „einen Zaun um die Torah machen“ sollen (Pirke Avot 1,1). In diesem Fall spricht der Rabbi von anderen Gesetzen, die man benützen sollte, um die Torah vor dem Gebrochenwerden zu schützen. Aber das Prinzip ist dasselbe. Gottes Torah wurde geschaffen, damit sie durch ihre Gerichte, Gebote, Satzungen und Lehren einen Zaun um die Menschen macht, um sie zu beschützen.

Dieser Schutzzaun wirkt auf zwei Arten. Erstens auf dem Weg der Kinder zum Lehrer; und zweitens für Gottes heilige Gemeinde der Erlösten. Betreffs der Kinder auf dem Weg zum Lehrer, auf die sich Scha'ul in Galater 3, 22 bezieht, kann die Torah helfen, ihr irdisches Leben zu beschützen, um sie heil und sicher zu erhalten, bis der Vater sie ruft, an Seinen Sohn zu glauben. Die Torah erreicht dies, indem sie für eine sichere Umgebung sorgt, in der sie leben können. Die mischpatim, mitzwot, chukim und anderen Lehren der Torah helfen alle, eine sichere Gemeinschaft zu schaffen, die von der schützenden Grenze der Torah umgeben ist. Jeder der innerhalb dieser Grenzen lebt, wird in verhältnismässiger Sicherheit leben. Das heisst nicht, dass die Person, die innerhalb den Grenzen der Torah lebt, automatisch geistlich in Sicherheit oder „gerettet" ist; sondern vielmehr ist sein Leben bewahrt und geschützt durch das Leben in der Torah-Gemeinde, während er auf die Zeit wartet, die von seinem Vater gesetzt ist, für seinen Augenblick der Errettung.

Nehmen Sie zum Beispiel 3. Mose 11 und das koschere Essen. Die Torah sagt ganz speziell, dass der Grund vom koscheren Essen derjenige war, um Israel von den abgöttischen Völkern als heilige Gemeinschaft abzutrennen. Genau dieser Umstand, abgesondert von den abgöttisch verdorbenen Völkern um sie herum, versetzte sie in einen geschützten Zustand. Sie sind durch die Lehren der Torah behütet, während sie auf den Augenblick ihrer Errettung warten, der vom Vater vor ewigen Zeiten gesetzt wurde. Das Verwenden der Worte mischpatim und chukim bei der Wiederholung der koscheren Anweisungen im 5. Mose 12 unterstreicht die Tatsache, dass diese „Gesetze" dazu dienen, schützen zu helfen. Somit wurden also die Essensgesetze von Gott geschaffen, um als Beschützer Seines Volkes vor der Verdorbenheit um sie herum zu dienen.

Nun kann die Torah für diejenigen, die den Messias noch nicht kennen, auch noch anderweitig tätig sein. Wie sieht der Lehrer aus der Sicht der Person, die vom Pädagogen geführt wird, aus? Was sind die Merkmale des Lehrers, seines Lebens und seiner Welt?

Jeder, der im Vorteil einer heiligen Gemeinschaft lebt, die der Torah nachfolgt, wird eine vollständigere Beschreibung seines Lehrers erhalten. Sein Denken wird bewahrt werden vor Ungenauigkeit und vor falschen Vorstellungen, wie der Lehrer aussehen könnte. Er wird richtige Informationen und Offenbarung über den Lehrer, den Messias, erhalten.

Darüber hinaus wird die Person auf ihrem Weg zum Lehrer eine viel genauere Beschreibung des Lebens mit dem Lehrer erhalten. Sie wird wissen, was ihr fehlt, bis dieses Leben ihr eigenes wird, bis sie aufhört nur „unter dem Vorteil" der heiligen Gemeinschaft zu leben, und selbst ein integriertes Mitglied dieser Gemeinschaft wird: durch die eigene Teilnahme im Leben des Lehrers, des Messias selbst!

Schutz für die Erlösten

Wenn die Torah hilft die Leben derjenigen zu schützen, die noch kein Teil der erlösten Gemeinschaft sind, wieviel mehr ist sie ein Schutz für die Heiligen Gottes, für diejenigen, die glauben? Die mischpatim, mitzwot, chukim und torot dienen als schützende Grenze für das Volk Gottes.

Dies ist in den Darstellungen auf Seite 29 abgebildet. Für unseren Zweck stellen wir hier mit den Bildern dar, was im Allgemeinen als die ursprünglichen, von Gott gewollten Grenzen der Theokratie des alten Israel angenommen wird, das als Licht den Nationen um sie herum leuchten soll (5. Mose 4, 5 – 8). Die Bilder veranschaulichen auch die zwei geistlichen Realitäten des Weltalls: das Reich des Lichts (Gottes Reich) und das Reich der Dunkelheit (Satans Reich). Ein näheres Studium von Römer 5, 12 – 21 wird die Einzelheiten dieser zwei Reiche offenbaren.

Die herrschende Kraft vom Reich des Lichts ist das Leben. Die herrschende Kraft vom Reich der Dunkelheit ist der Tod. Es ist wichtig daran zu denken, dass diese zwei Reiche vorhanden sind, ob der Mensch sie anerkennt oder nicht. Sie sind ein Teil der grundlegenden geistlichen Realitäten des Weltalls! Wenn solch eine wesentliche Tatsache, wie das Reich der Dunkelheit existiert, ist es äusserst wichtig, dass wir wissen, wo sich die Grenzen eines solchen Reichs befinden, damit wir vermeiden, in diesem Reich mitzumachen. Durch die Freundlichkeit, Gnade und Barmherzigkeit Gottes hat Er uns ganz genau beschrieben, wo sich die

Grenzen zwischen diesen zwei gegensätzlichen, diagonal gegenüberliegenden Reiche befinden. Diese wurden für uns in der Torah festgelegt (wie auch im göttlich inspirierten Kommentar: der Brit Chadascha). Ferner ist die Torah selbst eine Grenze.

Lasst uns diesen Begriff der zwei Königreiche einen Schritt weiter tragen: Das was nicht vom Reich des Lichts und des Lebens ist, das ist vom Tod, und deshalb „unrein" für uns – in anderen Worten, etwas das wir nicht „berühren" oder „davon essen" dürfen. Diese figurativen Begriffe lehren uns, weder etwas zu ergreifen vom, noch teilzuhaben am Tod (am Reich der Dunkelheit). Solche Tätigkeiten können nur die Frucht des Todes in unser Leben bringen.

Weil die Torah uns die Wahrheit erklärt – den Unterschied zwischen heilig und unheilig, rein und unrein, Leben und Tod – ist sie für uns beides: Schutz und geschriebene Offenbarung der Gnade Gottes. Jeder Mensch (Mann, Frau oder Kind), der sich entscheidet, nicht in den Lehren Gottes, die Leben schaffen, zu leben, ist an einen Ort ausserhalb von Segen und Schutz befördert worden, der in diesen Lehren dargelegt ist. (Denken Sie an 5. Mose 30, 19 + 20.)

Mit diesem Gelernten können wir jetzt anfangen, etwas von den anscheinend seltsamen Lehren der Torah zu verstehen, besonders den sogenannten „gesetzlichen" Teilen, die mit der Theokratie vom Reich des Lichts zu tun haben. Wir können auch die Beschreibung der Torah als nationales Bündnis und Verfassung einflechten, in welcher der Grosse König verspricht, Sein Eigentum durch den Bund zu schützen (siehe Kapitel Eins). Beschützen vor was? Vor dem Reich ausserhalb Seines Reichs: dem Reich der Dunkelheit. Denken Sie daran, dass das Wesen vom Reich der Dunkelheit der Tod ist, mit all seinen legalen Rechten. Die legalen Seiten der Torah sprechen die Wahrheit: Das Reich der Dunkelheit hat keine Befugnis innerhalb der Grenze von Gottes Reich – der Torah Gemeinde.

Diese legale Fachsprache der Torah, die in vielen Kreisen Anlass zum Glauben gibt, dass Torah „Gesetz" statt Offenbarung der Gnade Gottes ist, kann jetzt viel deutlicher verstanden werden. Die Gebote ergeben keinen Sinn, es sei denn, wir sehen sie als lebendige Torah, die uns in Bildern lehrt und für beides entworfen wurde: um uns an die Realitäten der zwei Reiche zu erinnern und auch um uns von der Teilnahme im Reich der Dunkelheit abzuhalten.

Schauen Sie nun auf die zwei Darstellungen (Seite 29). Im Bild 1 sehen wir ein Bild vom Reich des Lichts in der Form des alten theokratischen Israel. Es wird mit den Worten „Torah" eingefasst. Ausserhalb dieser Grenzen ist das Reich der Dunkelheit. *Bitte beachten Sie, dass diese Darstellung keineswegs andeuten soll, dass die Staaten ausserhalb von Israel die Reiche der Dunkelheit sind!* Es ist einfach ein Bild über die beabsichtigte Handlungsweise der Torah als Beschützer. Wenn wir innerhalb der Grenzen bleiben, die von den Lehren der Torah errichtet sind, werden wir unser Gott-gegebenes Erbe geniessen und vor den Einflüssen der abgöttischen Menschen um uns herum beschützt sein. Wir werden auch als Licht für die Völker dienen.

Dies ist auch der Grund von Geboten in der Torah für diejenigen, die in Israel wohnen und gegen die Torah verstossen, und aus der Gemeinde ausgestossen werden müssen. Eines der Ziele Israels war es, ein Ort der Sicherheit, des Segens und der Lehre zu sein. Wenn nun eine Person diesen heiligen Ort entweihte, musste sie wegen dem Rest der heiligen Gemeinde entfernt werden, bis sie entweder Busse tat oder von Gott gerichtet wurde. Darüber hinaus ist dies auch der Grund, weshalb die „fremden" – nichtjüdischen Leute, die unter den Einwohnern des Heiligen Landes wohnen – nach der Torah leben müssen. Um aller derentwillen, die gerufen sind in dem Land zu leben, kann kein Akt von Rebellion erlaubt sein, die dessen Heiligkeit gefährdet.

Im Bild 2 sehen wir, dass die Lehren der Torah „den Ort" (haMakom הַמָּקוֹם) erstellen, an dem Gläubige teilhaben können und die Segnungen, welche die Lehren mit sich bringen, geniessen dürfen. Die Weisungen, die Gott für uns niederlegte, „sind süsser als Honig und Honigseim… Auch lässt dein Knecht

Bild1 1

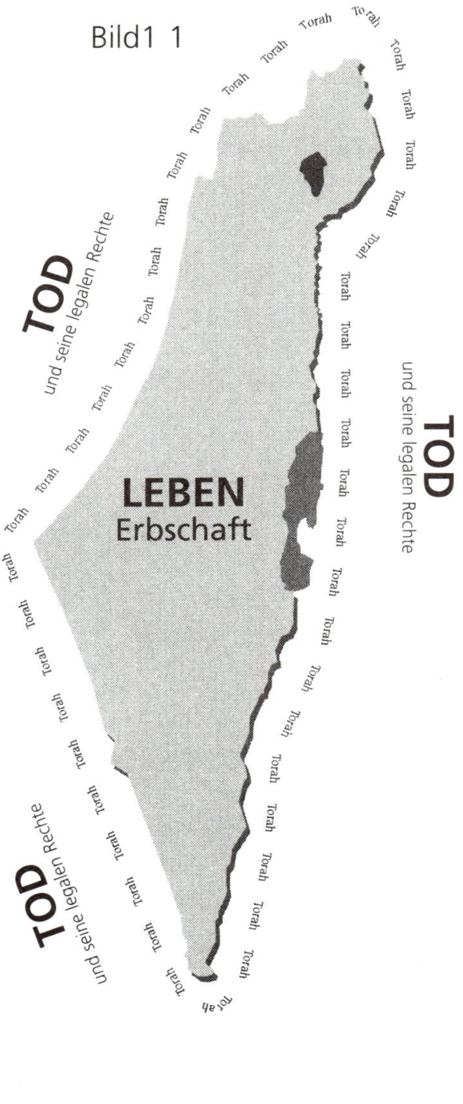

Bild 2

Torah = die Lehre, dass Gott „ins Schwarze trifft“

sich durch sie warnen; und wer sie hält, der hat grossen Lohn." (Psalm 19, 11 + 12).

Die geschriebene Torah kann und wird kein Leben schenken (Galater 3, 21). Die Torah-Gemeinde, geschaffen durch Gehorsam zur Torah, ist der Ort, wo Leben statt Tod regiert. Es ist der Ort der Sicherheit und Lehre. „Du hast Deine Mahnungen geboten in Gerechtigkeit und grosser Treue." (Psalm 119, 138) und wurde „verwahrt und verschlossen" an einen Ort (Galater 3, 23). Welchen Ort? HaMakom, der Ort des Segens! Und so „trifft" die Torah voll „ins Schwarze", durch ihr klares Festhalten wo sich der Ort des Segens und des Lebens befindet.

Die Segnungen geniessen

Es gibt eine weitere Art und Weise, in welcher die Torah als Beschützer der erlösten Gemeinde handelt: Sie hilft der Gemeinde die Vorteile ihres Erbes zu geniessen. Um dieses Konzept verstehen zu können, müssen wir im Galater 3, 10 – 21 untersuchen, wie Scha'ul die zwei Bündnisse vergleicht: den einen, den Gott mit Abraham im 1. Mose 12 machte, und den anderen, den Er mit Mosche im 2. Mose 19 ff machte (oft die Torah genannt).

Scha'ul beschreibt den Bund mit Abraham als einen, in dem Gott Seinem Volk eine Erbschaft verspricht, die dazu gedacht war, im Glauben angenommen zu werden. Beachten Sie die drei Elemente: Versprechen, Erbschaft und Glauben. Das Versprechen einer Erbschaft wurde durch die Gnade Gottes gegeben, und die erwartete Bündnisantwort war der Glaube. Dies wird bereits früh, im 1. Mose 15 gelehrt. Hier verspricht Gott Abraham die Erbschaft, die durch den Glauben angenommen werden soll.

Betreffs des Bundes mit Mosche (die Torah), sagt Scha'ul zuerst im Vers 12, dass dies kein Glaubens-Bündnis ist. In anderen Worten, die erwartete Bündnisantwort war nicht Glaube, sondern Gehorsam. Zweitens war es kein Bündnis mit Versprechungen. Es versprach keine Erbschaft, sondern einfach Schutz für die bereits erlösten Menschen, damit sie den Segen ihres Erbes geniessen und daran teilhaben konnten! Ferner sagt Vers 17 ganz speziell, dass das Bündnis mit Mosche den Bund mit Abraham nicht aufgehoben hat. Im Gegenteil: diese zwei ergänzen sich.

Thomas McComiskey kommentiert die gekonnte Wechselwirkung dieser zwei Bündnisse in seinem Buch *„The Covenants of Promise“:*

> Das Gesetzesbündnis definierte und erweiterte nicht nur das Versprechen, sondern es beschützte und sicherte es ebenso... Diese Schutzfunktion des Gesetzes wird in den verschiedensten rechtlichen Bedingungen offensichtlich. Die Gesundheitsgesetze und Verbote gegen die Bräuche der Kanaaniter dienten dazu, sie als Nation zu schützen, und ihre Verbundenheit aufrecht zu halten... Das Gesetz diente auch zum Festlegen von Gehorsamsbedingungen für diejenigen, deren Glauben in diesem Versprechen verewigt waren... Das Gesetz ist nicht das Versprechen; es ist ein Bündnis, klar getrennt vom Bündnis des Versprechens. Es errichtet die Umstände, unter welchen die Bedingungen des Versprechens erhalten bleiben konnten... Das Gesetz schenkte ihnen nicht das Erbe, sondern es diente dazu, den Rahmen zu schaffen, der zur Erhaltung ihrer Beziehung dafür nötig war.

Deshalb, so McComiskey, wurden die Menschen nicht durch Torahgehorsam gerettet, sondern durch Vertrauen auf die Versprechen Gottes. Um an der ewigen Erbschaft teilhaben zu können, benötigt es Glauben. Daher wurde die Torah einer erlösten Gemeinschaft gegeben, nicht einer Ungeretteten (obwohl auch ungerettete Menschen unter den Geretteten lebten), damit die Gemeinde erhalten und beschützt bleiben konnte. Gehorsam ist deshalb die erwünschte Antwort. Ist dies nicht genau das, was im Galater 3 gelehrt wird?

Wenn wir die Torah in diesem Zusammenhang betrachten, hilft es uns, ihre Absichten und Grenzen klarer zu sehen. Die folgende Darstellung wird uns helfen zusammenzufassen, was wir über die Absicht der Torah gesagt haben, besonders hier im Vergleich mit dem Bündnis Abrahams.

Vertrag mit Abraham	**Vertrag mit Mosche**
Art des Vertrages **Versprechen**	Art des Vertrages **Segen, Erhaltung und Geniessen der Versprechen**
Antwort auf den Vertrag **Glauben**	Antwort auf den Vertrag **Gehorsam**

Lasst uns hier etwas klarstellen. Im alten Israel gab es in Wirklichkeit zwei Sorten von Menschen, die in derselben Gemeinschaft lebten. Zuallererst waren da diejenigen, die nicht alleine physisch aus der Sklaverei in Ägypten erlöst worden waren, sondern auch von der Sklaverei der Sünde. Diese waren der „Überrest", den es schon immer in der Geschichte Israels gab und bis hin zum heutigen Zeitalter gibt. Diese ungezählte Gruppe bestand aus wahren Gläubigen, die dem Herrn und Seinen Vorkehrungen für Sühne vertrauten. Für sie kam Gehorsam zur Torah *aus* oder *aufgrund* ihres Glaubens. Ihr Gehorsam verdiente weder Erlösung für sie noch sicherte es ihre Beziehung zu Gott. Es war einfach ein natürliches Ergebnis ihres Glaubens, wie wir im Jakobus 2, 18 sehen können.

Die zweite Gruppe, wieder eine unbekannte Anzahl, war Teil der erlösten Gemeinde infolge der Tatsache, dass sie mit den anderen lebten und von ihnen erwartet wurde, dass sie das Gesetz der Gemeinschaft befolgen. Diese Menschen waren weder Teilhaber des Bündnisses mit Abraham noch des Bündnisses mit Mosche. Obwohl physisch von der Sklaverei in Ägypten erlöst, vertrauten sie nicht Gott für ihre Gerechtigkeit. Sie hielten sich an einige Gesetze des Bundes durch Mosche und brachten vielleicht sogar die verlangten Opfer. Jedoch war dies kein Beweis für Glauben und Vertrauen an Gott, sondern eine Darbietung des Gehorsams, die dazu gedacht war, den Schutz des Lebens in der heiligen Gemeinschaft zu sichern.

Ein Mensch kann sich den vollen Segen des Bündnisses von Mosche (die Torah) nicht aneignen, es sei denn, er tritt zuerst in den Bund von Abraham. Letzteres wird durch den Glauben getan, und nur durch Glauben allein. Der Bund des Versprechens (durch Abraham) gab Israel die leiblichen Versprechen. Diese leiblichen Versprechen sind für Israel nicht nur eine Realität, sondern auch ein Bildnis der geistlichen Beziehung, die wir mit Gott haben. Ausserdem veranschaulichen sie das geistliche Versprechen der Erbschaft, welches alle Gläubigen durch den Glauben an Jeschua erhalten.

Denjenigen, die Gott für Seine Versprechen vertrauen, ist die richtige Reihenfolge für Glauben und Gehorsam in den Sequenzen der Bündnisse gegeben. In anderen Worten: Glaube muss Gehorsam vorangehen. Aber die Art von Glauben, die von Gott akzeptiert wird, ist diejenige, welche dann ganz natürlich in Gehorsam übergeht. Wahrer Gehorsam kommt nie vor dem Glauben, und ist kein Zusatz zum Glauben. Es ist immer das *Ergebnis* von wahrem biblischen Glauben. Um dies hinsichtlich Bündnisse anders auszudrücken: Das Bündnis des Versprechens (Abraham) muss vor dem Bündnis des Gehorsams (Mosche) kommen. Wenn wir Mosche vorweg hinstellen mit dem Versuch, uns die Versprechen des Gehorsams zu sichern, würden wir dies entgegen Gottes Reihenfolge tun. (Dies ist der Schlüssel, um den schwierigen *Midrasch,* den Scha'ul im Galater 4, 21 – 31 benützt, zu dekodieren). Alles, worauf wir hoffen könnten, wäre ein Mass von körperlichem Schutz und ein Wissen über geistliche Dinge. Aber wir könnten weder Rechtfertigung erlangen noch eine persönliche Beziehung mit dem Ewigen durch Gehorsam zur Torah. Alles muss mit Glauben seinen Anfang nehmen. Abraham kam vor Mosche, aber Mosche setzte Abraham nicht ab! Die beiden ergänzten sich – sofern sie in der richtigen Reihenfolge kamen.

Lasst uns an diesem Punkt zusammenfassen, was wir über die Beschützernatur der Torah gesagt haben. Die Torah dient als Beschützer auf drei Ebenen. Erstens, wenn sie befolgt wird, beschützt sie die Nation, damit sie ihr Erbe geniessen kann. Zweitens beschützt sie den einzelnen erlösten Menschen innerhalb der Nation, damit er seine Erbschaft geniessen kann. Sie freuen sich nun völlig über ihre Erlösung, denn sie verstehen sie und nehmen am Wunder der Erlösung teil, wie sie in den Mitzwot der Torah dargestellt wird. Und drittens beschützt die Torah diejenigen, die den Lehrer (Messias) noch nicht kennen, bis zu der Zeit, die Gott erwählt, um sich ihnen selbst zu offenbaren.

Kapitel Drei

Die Torah – Ein Lebensstil

Die Torah – Ein Lebensstil

Wie wir bereits gesehen haben, ist die Torah nicht für diejenigen, welche geistig noch nicht erneuert sind. Ihre einzige Aufgabe für solche ist es, sie auf ihre Sünde hinzuweisen, und sie hinterher dafür zu verdammen. Die Bibel lehrt uns jedoch, dass die Torah der Lebensstil für die erlöste Gemeinde ist. 5. Mose 30, 14 +15 beschreibt die Torah mit: „Denn es ist das Wort ganz nahe bei dir, in deinem Mund und in deinem Herzen, dass du es tust. Siehe ich habe dir heute vorgelegt das Leben und das Gute, den Tod und das Böse." Jeremia 31, 33 betont wieder für die Gläubigen: „Ich will Meine Torah in ihr Herz geben und in ihren Sinn schreiben." Psalm 119 ist ganz dem Segen eines Lebens nach der Torah gewidmet.

Die Brit Chadascha ist diesbezüglich genauso deutlich – so lange sich der Leser an die bereits genannten Auslegungsprinzipien hält. Was die Schreiben von Scha'ul betrifft, sind die meisten, wenn nicht sogar alle seine Ermahnungen über das tägliche Leben – im jüdischen Denken, seiner *halacha,* – auf Lehren der Torah gegründet.

Ausserdem müssen wir beachten, was Ja'akov (Jakobus) den jüdischen Gemeinden in der Diaspora schrieb. In seinem Brief drängt er sie sehr, der Torah zu gehorchen. Beachten Sie speziell, was er in Kapitel 1, 22 – 25 sagt. Er vergleicht die Person, die dem Wort Gottes nicht gehorcht mit jemandem, der in den Spiegel schaut, wegläuft, und vergisst, wie er ausgesehen hat. Wenn der natürliche Mensch in einen echten Spiegel schaut, sieht er ein Spiegelbild seines Körpers. Wenn eine neue Kreatur im Messias in die perfekte Torah sieht (Ja'akovs Sprache), sieht er in ihren

Gesetzen, Erlassen, Geboten, Gerichten und Lehren ein Spiegelbild seiner eigenen neuen Kreatur. Dies bringt uns zu unserem nächsten Charakterzug der Torah.

Die Torah reflektiert Gottes Heiligkeit, Güte und Gerechtigkeit

Rav Scha'ul fing an zu lehren, dass Rechtfertigung durch die Torah deshalb nicht funktioniert, weil der Mensch sie missbraucht – und nicht wegen irgendeines Fehlers in den Lehren selbst. Im Römer 7, 12 weist er darauf hin: „So ist also die Torah heilig, und das Gebot ist heilig, recht und gut." Wir müssen uns der vollen Vehemenz dieses Verses bewusst werden. Es gibt etliche die sagen, dass Römer 7 vom Ende der Torah spricht. Sie behaupten, dass wir der Torah abgestorben sind als der Messias kam. So, als wäre sie ein Lebenspartner, der gestorben ist. Da nun die Torah tot ist, behaupten sie weiter, sind wir jetzt frei, den Messias zu „heiraten".

Wie kann denn die Torah beides sein, sowohl tot für uns als auch gleichzeitig heilig, gerecht und gut? Wenn Scha'ul schreibt, wir sind „dem Gesetz getötet" (Römer 7,4), bezieht er sich auf den Umstand, dass wir aufgehört haben, uns in unserer früheren gesetzlichen Art auf die Torah zu beziehen. Wenn wir nun diesem Denken und Benehmen abgestorben sind, dann sind wir auch frei, ein Leben der Gnade zu leben, ein Leben, welches Gottes Torah durch den Messias ausdrückt.

Was sich geändert hat, ist unsere Beziehung zur Torah. Bevor wir errettet waren, verdammte uns die Torah für unsere Sünden und lehrte uns über den Messias. Als wir versuchten der Torah zu folgen, oder in einer Gemeinde, die nach den Regeln der Torah lebt, teilzunehmen, hat uns die Torah vielleicht geholfen und beschützt, bis wir zu unserem Lehrer gelangten. Aber als wir unseren Lehrer, den Messias trafen, veränderte sich alles. Wir starben (Galater 2, 19 + 20)! Durch unsere neue Beziehung mit Ihm kam auch eine neue Beziehung zur Torah.

Zusammen mit Scha'ul können wir jetzt bestätigen, dass die Torah für uns Gläubige heilig, gerecht und gut ist. Die Worte der Torah sind jetzt unser Leben (5. Mose 32, 47). Wenn wir Torah lernen, können wir sehr viel über Gott selbst und Seine ewigen Attribute lernen. Und wenn wir Torah praktizieren, dann tun wir das, was heilig, gerecht und gut ist. Wir leben unser neues Leben – ein Leben aus Gott.

Eingebaute Gedankenstützen des Lebens

Der Torah-Lebensstil ist von Gott selbst, nach Seinem perfekten Wissen wie wir als geistliche Wesen funktionieren, entworfen worden. Wir sind in die himmlischen Gefilde des Messias hinein versetzt und leben doch auf der Erde. Wir müssen jedoch ständig an diese wunderbare Wahrheit erinnert werden, denn „die Sorgen dieser Welt" versuchen unaufhörlich, uns davon abzulenken. Der Torah-Lebensstil wurde mit eingebauten Gedankenstützen für Gottes Wahrheiten entworfen, die uns helfen an unsere Identität zu denken: sowohl an die als neue Kreatur im Messias wie auch als Mitglieder der erlösten und heiligen Gemeinschaft.

Eine jüdische Gedankenstütze

Es gibt viele Wege auf denen die Torah als Gedankenstütze dient. Erstens erinnert sie jüdische Menschen daran, was es bedeutet jüdisch zu sein. Vielleicht sind Sie ein Messianischer Jude. Auf Grund ausgezeichneter Schulung in vielen Gemeinden darüber, was es heisst „messianisch" zu sein, bedarf es hier wohl kaum einer Begriffserklärung. Aber was bedeutet dann dieser „jüdische" Teil, wenn wir behaupten, Messianische *Juden* zu sein?

Bedeutet jüdisch sein, einen israelischen Personalausweis zu besitzen oder eine Mitgliedschaft in der jüdischen Gemeinde? Was zeichnet jüdisch sein aus? Es gibt nur einen entscheidenden Ort, an dem wir lernen können und ständig an unsere biblische Jüdischkeit erinnert werden. Dies ist die Torah. Wie der orthodoxe, israelische Rabbi Schlomo Riskin es so passend ausdrückte: „Eine Jüdischkeit ohne Torah ist ein Ding der Unmöglichkeit, ein Ausdruck ohne Bedeutung“.[7]

Lasst uns klar stellen: Es gibt einen Unterschied zwischen einem jüdischen Menschen und jemandem, der seine Jüdischkeit auslebt. Jemandes Geburt und Vorfahren bestimmen, ob jemand jüdisch ist oder nicht. Aber nur die Torah kann veranschaulichen was Jüdischkeit bedeutet und wie wir unsere jüdische Geburt ausleben sollten.

Vielleicht hilft eine leichte Begriffsveränderung, um dieses Problem zu klären. Die Bibel sagt, dass Abraham ein Hebräer genannt wurde. Obwohl es dazu verschiedene Meinungen gibt, bedeutet das Wort *Hebräer* höchstwahrscheinlich „jemand der hinüber geschritten ist“ – von der Wurzel avar (ע ב ר).[8] Gott nennt ihn einen Hebräer, weil er von seinem vorherigen geographischen Landstrich hinübergeschritten ist, um in das Land Kanaan zu gelangen. Gott möchte aber auch, dass wir lernen, dass ein Hebräer jemand ist, der von seinem vorherigen Leben hinübergeschritten ist (in diesem Fall vom Götzendienst) in ein neues Leben in das Gott ihn berufen hat. Dieses Wissen, wirft vielleicht ein neues Licht auf die biblische Beziehung zu Abraham als „unseren Vater“. Er ist ja buchstäblich der Vater aller seiner leiblichen Nachkommen. Aber er ist auch der Vater aller, die geistlich hinübergeschritten sind aus der Dunkelheit in das wunderbare Licht des Glaubens an den einen wahren Gott, so wie Er sich selbst offenbarte.

Um sicher zu gehen, fährt auch die Brit Chadascha mit der biblischen Erklärung vom jüdisch sein fort. Rav Scha'ul nennt hier klar die Definition aus der Torah und verdeutlicht sie. Im Römer 2, 28 + 29 schreibt er: „Denn nicht das ist ein Jude, der auswendig ein Jude ist, auch ist nicht das eine Beschneidung, die auswendig am Fleisch geschieht; sondern das ist ein Jude, der's inwendig verborgen ist, und die Beschneidung des Herzens ist eine Beschneidung, die im Geist und nicht im Buchstaben geschieht. Eines solchen Lob ist nicht von Menschen, sondern von Gott." In anderen Worten: Er leugnet nicht die Tatsache, dass jemand durch die Geburt ein Jude ist. Aber angesichts unserer Definition eines Hebräers, sagt er ebenso, dass wirkliche Jüdischkeit, respektive ein Hebräer zu sein bedeutet, dass man nicht nur rein körperlich so geboren wurde, sondern es auch geistlich – durch den Geist Gottes – wurde. Die Torah (wie auch die Brit Chadascha) geben dieser Definition Gestalt und erinnern uns daran, wie ein Hebräer aussieht.

Es gibt andere Gläubige an Jeschua, die nicht als leibliche Nachkommen von Abraham geboren wurden. Bezüglich dieser Gläubigen wird uns gesagt:

> „So hat doch „Abraham Gott geglaubt, und es ist ihm gerechnet zur Gerechtigkeit". Erkennet also: die des Glaubens sind, das sind Abrahams Kinder. Die Schrift aber hat es vorausgesehen, dass Gott die Heiden durch den Glauben gerecht macht. Darum verkündigte sie dem Abraham: „In dir sollen alle Heiden gesegnet werden". So werden nun, die des Glaubens sind, gesegnet mit dem gläubigen Abraham." (Galater 3, 6 – 9)

Deshalb sind auch nicht-jüdische Gläubige an Jeschua, im geistlichen Sinn, Hebräer, nämlich solche die hinüber geschritten sind, wie auch ihr geistlicher Vater Abraham. Dies heisst nun nicht, dass sie zu jüdischen Menschen geworden sind. Es bedeutet, dass sie in Israel eingepfropft sind und auch den Glauben Israels teilen. Sie sind hinübergeschritten, wie ihr Vater Abraham – dem Ruf Gottes für ihr Leben folgend – durch ihr Vertrauen in den Messias von Israel.

Für diese (wie auch für die „natürlichen Zweige": jüdische Menschen durch Geburt) dient die Torah nun als das Buch der Gedankenstützen. Gedankenstützen an was? Gedankenstützen daran, dass wir das Volk Gottes sind, die „Herausgerufenen" – diejenigen, die hinübergeschritten sind. Lasst uns nun sehen, wie solches vor sich geht.

Im Schreiben von Jakobus haben wir bereits gesehen, dass das Wort Gottes unser Spiegel ist. Einer der Gründe warum wir dem Wort nicht gehorchen ist, weil wir vergessen haben, wer wir sind! Insofern ist für uns ein Lebensstil, der uns hilft, daran zu denken, eine der grössten Gaben Gottes. Er erinnert uns an die Wahrheit, an die Gerechtigkeit und daran, wer wir als neue Kreaturen im Messias sind.

Die Torah beschreibt einen Lebensstil mit eingebauten täglichen, wöchentlichen, monatlichen und jährlichen Gedankenstützen. Wenn wir die Torah liebevoll umarmen, wird sie uns helfen, unsere Leben in ständiger Erinnerung daran zu leben, wozu Gott uns berufen hat. Sehen wir uns ein paar praktische Beispiele an. Versuchen Sie einmal einige Blicke von dieser unglaublichen Gabe des allwissenden, allliebenden, barmherzigen und gnädigen Gottes zu erhaschen, während wir diese Beispiele durchgehen.

Eine tägliche Gedankenstütze – *Die Ziziot*

5. Mose 15, 37 – 40 nennt uns eine dieser täglichen Gedankenstützen, die wir in der Torah finden können. Jeden Morgen, wenn wir unseren Gebetsmantel anlegen, sehen wir auch die Schaufäden (Quasten), oder *Zizit* (Mz. Ziziot), die an den vier Ecken hängen – jedes mit seiner speziellen, blauen Schnur. Die Torah leitet uns an: „Und dazu sollen die Quasten euch dienen: Sooft ihr sie anseht, sollt ihr an alle Gebote des Herrn denken..." Daran denken heisst, sich konsequent und angemessen unserer jetzigen Wesensart zu verhalten. Wir sind keine

Sklaven in Ägypten mehr, sondern ein königliches Priestertum, ein heiliges Volk.

Wenn wir unsere Ziziot anlegen, kann es hilfreich sein, dieses Gebet dabei zu sprechen:

> Wir sind das auserwählte Geschlecht, das königliche Priestertum, das heilige Volk, das Volk des Eigentums, damit wir verkündigen die Wohltaten Des, Der uns berufen hat von der Finsternis zu Seinem wunderbaren Licht. (1. Petrus 2, 9) Denn des Priesters Lippen sollen die Lehre bewahren, dass man aus seinem Munde Weisung suche; denn er ist ein Bote des Herrn Zebaoth. (Maleachi 2, 7)
>
> Abba, während ich diese Ziziot anlege, wie Du es befohlen hast, möge ich daran erinnert werden, wer ich bin und aus welchem Grund ich auf dieser Erde bin. Während ich heute die Schaufäden meiner Bekleidung ansehe, möge ich wahrlich daran erinnert werden, ein Täter Deines Wortes zu sein, und nicht ein Hörer allein. Mögen die Worte meines Mundes und die Meditation meines Herzens für Dich annehmbar sein, mein Gott, mein Fels und mein Erlöser. Du hast Deine Torah auf mein Herz und meinen Verstand geschrieben. Möge ich nun im Messias in mir, der Hoffnung zur Herrlichkeit, wandeln und meine Glieder Ihm übergeben. Ich bin Dir, meinem Gott geweiht. Während ich nun heute diesen blauen Faden ansehe, möge ich daran erinnert werden, dass ich einer Deiner königlichen Priester bin, und dass ich weder der Welt noch dem Fleisch noch dem Bösen erlauben werde, über mich zu regieren.

Diese abschliessende Segenssprüche sind besonders passend, wenn man den Tallit oder Gebetsmantel anlegt. Entfalten Sie den *Tallit,* halten Sie ihn bereit, um ihn umzulegen und sprechen Sie folgendes:

> Gelobt seist Du, Ewiger, unser Gott, König der Welt, der uns geheiligt hat durch Seine Gebote, und uns befohlen hat, uns mit den Ziziot zu umhüllen. Amen.

Umhüllen Sie Ihren Körper und Kopf mit dem Tallit und sprechen Sie dann folgendes:

> Wie köstlich ist Deine Güte, o Gott! Die Menschenkinder finden Unterschlupf im Schatten Deiner Flügel. Mögen sie hineingesetzt sein in die Fülle Deines Hauses; und mögest Du ihnen zu trinken geben vom Strom Deiner Freude. Denn in Dir ist die Quelle des Lebens, und durch Dein Licht werden wir Licht sehen. Strecke Deine Güte aus über diejenigen, die Dich kennen, und Deine Barmherzigkeit über diejenigen, die aufrechten Herzens sind.

Eine wöchentliche Gedankenstütze – Der Schabbat

Wie würde es Ihnen gefallen, das Geschenk eines Wochentags pro Woche zu erhalten, an dem Sie keine regelmässigen täglichen Arbeiten tun müssten? Sie hätten Zeit zum Lesen und über all die folgenden grossartigen Wahrheiten nachzudenken:

Ich bin eine neue Kreatur im Messias (1. Korinther 5, 17)

Meine Sünden sind alle lückenlos gesühnt (Römer 5, 12 – 21; 8, 28 – 30)

Mein alter Mensch ist tot und begraben (Römer 6)
Ich bin gerechtfertigt und erlöst (Römer 3, 24)

Ich bin nicht mehr verdammt (Römer 8, 1)

Ich bin geheiligt, bin heilig und ausgesondert (1. Korinther 1)

Ich bin die Gerechtigkeit Gottes (2. Korinther 5, 21)

Ich bin erwählt, heilig und unsträflich (Epheser 1, 4)

Ich lebe! (Epheser 2, 5)

Ich bin in das himmlische Wesen gesetzt (Epheser 2, 6)

Ich bin zu guten Werken geschaffen, die zuvor bereitet wurden, damit ich darin wandeln soll (Epheser 2, 10)

Indem ich daran denke, wer ich jetzt bin (durch den Spiegel von Jakobus 1, 22 – 25), habe ich einen Tag ganz ohne Strapazen dazu erhalten. Ich kann üben, auszuleben wer ich bin, und nicht wer ich einmal war. Uneingeschränkt von den regelmässigen, fordernden Aktivitäten der Wochentage kann sich mein Denken auf die Wahrheit und das Ausleben dieser Wahrheiten konzentrieren. Ich habe Zeit und Energie, diese Wahrheiten anzuwenden.

Lernen Sie mit Gedanken wie diesen die Sabbatruhe kennen, die im Hebräer 4 die wahre Gute Nachricht genannt wird. Das Erlösungswerk des Messias in Ihrem Leben ist eine vollendete Arbeit. Unser altes Wesen ist tot und begraben. Wir sind jetzt die Gerechtigkeit Gottes im Messias – eine völlig neue Kreatur. Erkennt wer Ihr seid! Dies sind gute Nachrichten! „So ist also noch eine Sabbatruhe vorhanden dem Volke Gottes. Denn wer zu Gottes Ruhe gekommen ist, der ruht auch von seinen Werken gleichwie Gott von den Seinen." (Hebräer 4, 9 + 10) Damit wir so ruhen können, wie Gott es tat, müssen wir vom Wort herausfinden, wie Gott ruhte. Wir sehen im Bereschit (1. Mose) 2, 1 – 3, dass Gott von Seiner Arbeit *ruhte.* Das hebräische Wort für „ruhte" ist *schavat* (ת ב שׁ), das Wort von dem wir die Bezeichnung „Schabbat" erhalten haben. So zeigt uns also hier die Torah, wie Gott von Seinem Werk ausruhte.

Lasst uns diesen Abschnitt genauer betrachten. Was sagt Vers 1 über Gottes Schöpfung? Dass sie mit all seinem ganzen Heer fertiggestellt wurde. Weshalb ruhte Gott im Vers 2 von Seinem Schöpfungswerk? Weil es eine vollendete Arbeit war. Gab es noch etwas zu tun? Gab es noch etwas hinzuzufügen? Nein! Das Einzige, was es für Gott noch zu tun gab, war mit dem Arbeiten aufzuhören und alles was er getan hatte zu geniessen.

Die Botschaft der Guten Nachricht ist, dass wir jetzt von „unseren eigenen Werken" ruhen dürfen, so wie Gott von den Seinigen ruhte (Hebräer 4, 10). Vor dem Tag unserer Errettung waren die „sechs Tage der Arbeit" unser ganzes Leben lang ein Versuch der Selbstverwirklichung, ein Versuch unsere eigenen Standards und Glaubenssysteme der Gerechtigkeit zu erreichen (Römer 10, 3). Dann erreichten wir unseren „Siebten Tag". Wir gingen hinein in die Sabbatruhe der Guten Nachricht und sind nun gerufen, den Rest unserer Tage durch diesen siebten Tag auszuleben, indem wir uns entscheiden, mit aller Arbeit des Fleisches aufzuhören. „Ich lebe; doch nun nicht ich, sondern der Messias lebt in mir. Denn was ich jetzt lebe im Fleisch, das lebe ich im Glauben (Gott bei Seinem Wort nehmen) an den Sohn Gottes, der mich geliebt hat und sich Selbst für mich dargegeben hat." (Galater 2, 20)

Empfinden wir es als schwierig – vielleicht sogar unmöglich – uns selbst an diese Wahrheiten am Sonntag zu erinnern? Oder wie wär's am Dienstag? Könnte es sein, dass wir dieses Geschenk des einen von sieben Tagen *brauchen,* um ihn als Übungstag abzusondern? Ein Tag der Erinnerung dessen was wir sind, um diese Wahrheiten zu praktizieren, während wir anderen Menschen begegnen: durch die Worte die wir reden, den Weg den wir gehen?

Dieses Geschenk ist der Schabbat, eine der zentralen Lehren der Torah. Dies ist die wöchentliche Gedankenstütze! Lasst uns nun die wunderbaren Versprechen ansehen, die in Jesaja 58, 13 + 14 gefunden werden:

„Wenn du deinen Fuss am Sabbat zurückhältst und nicht deinen Geschäften nachgehst an Meinem heiligen Tage und den Sabbat „Lust“ nennst und den heiligen Tag des Herrn „Geehrt“; wenn du Ihn dadurch ehrst, dass du nicht deine Gänge machst und nicht deine Geschäfte treibst und kein leeres Geschwätz redest, dann wirst du deine Lust haben am Herrn, und ich will dich über die Höhen der Erde gehen lassen und will dich speisen mit dem Erbe deines Vaters Jakob; denn des Herrn Mund hat's geredet.“

Es ist wichtig, dass Sie besonders auf Vers 13 achten, wo es heisst „wenn du Ihn dadurch ehrst, dass du nicht deine eigenen Gänge machst“. Dieses Wort *„Ihn“* sollte vom hebräischen Text her ganz klar auf Gott bezogen werden, nicht auf den „Tag.“

Eine der Hauptauswirkungen, den Schabbat so zu feiern, ist, dass wir im Laufe der Zeit immer mehr und mehr dazu fähig werden, in unserem neuen Menschen zu wandeln. Dadurch werden wir unsere Freude im Herrn finden.

Monatliche Gedankenstützen

Und was ist mit den monatlichen Gedankenstützen? Die Frauen der erlösten Gemeinschaft habe viele wunderbare Berufungen und Gaben, die der ganzen Gemeinschaft dienen. Eine ganz spezielle Berufung wird von denjenigen im Menstruationsalter erlebt. In *Vayikra* (3. Mose) 15, 19 – 24 gibt Gott sehr deutlich geschriebene Weisungen über den menstruellen Ablauf. Der Körper der Frau wurde entworfen, um ein Bild der Gemeinde des Messias zu sein: geschaffen um Leben zu schenken. Während der fruchtbaren Jahre bereitet sich der weibliche Körper jeden Monat darauf vor, Leben zu erzeugen. Wenn jedoch kein Leben entsteht, stösst sich die Auskleidung des Uterus selbst ab, was dann zur

Menstruation führt. Die Torah beschreibt eine solche Frau als sich im *Nidda*-Status befindend. Die Anweisungen der Torah betreffs dieser Periode von sieben Tagen bilden eine entscheidende monatliche Gedankenstütze.

In der jüdischen Gemeinschaft werden diese Lehren vom 3. Mose 15, 19 – 24 Nidda genannt, was so viel bedeutet, wie dass die Frau während ihrer monatlichen Menstruation „unrein" genannt wird. Sie bleibt in diesem Status für einen Zeitraum von sieben Tagen und geht am Ende zur Mikva. (Für diejenigen, die diesen Ausdruck noch nicht kennen: die *Mikva* ist einfach ein Untertauchen in einem Wasserbecken.) Wenn sie heraufkommt, wird sie „rein" gesprochen. Was bedeutet das? War sie in Sünde? Hatte sie etwas Falsches getan, weil sie als unrein angesehen wurde? Wie kommt es, dass sie einfach mittels Durchschreiten einer Mikva wieder rein wurde?

Sünde war hier gar nicht involviert. Gott hat die Frauen dazu berufen, als eine speziell lehrende Gedankenstütze einer massgeblichen Wahrheit innerhalb der erlösten Gemeinschaft zu leben. Eine, die jeden einzelnen Monat wiederholt werden muss. Und so sieht dieses Lehrbild aus:

Wir wurden als neue Kreatur im Messias geschaffen, um durch die Art wie wir leben Sein Leben zu erzeugen. Insofern wir dies tun, bleiben wir *tahor* (טהור), oder rein (Torahlehre: etwas, das aus dem Leben kommt, ist rein). Wenn wir während dieser Zeit nun beginnen, eine Weile im Fleisch zu leben, erbringen wir währenddessen kein Leben. Kein Leben zu erzeugen bedeutet Tod, was unrein ist, oder *tamei* (טמא). Wenn wir einsehen, dass wir im Fleisch gewandelt sind und unsere Sünden bekennen, beenden wir damit die Zeit der Unreinheit.

Alles was wir tun müssen, um wieder am Ort des Lebens zu wandeln, ist uns in der „Mikva" zu wissen. Der Messias selbst ist unsere Mikva. In Ihm sind wir rein und wieder fähig Leben zu zeugen. Es ist eine monatliche Gedankenstütze der Ernsthaftigkeit unserer Sünden: Wenn ich unrein bin, wird alles was ich berühre unrein. Es ist also auch eine Gedankenstütze, dass ich als neue Kreatur einfach nur meine Sünden bekennen muss, und dann wissen darf, dass ich im Messias rein bin und einfach weiter wandeln darf.

Wir müssen oft daran erinnert werden wie ernst unsere Übertretung ist, im Fleisch zu wandeln, anstatt in unserem neuen Leben. Ohne diese monatliche Gedankenstütze zahlen wir den Preis der Vergesslichkeit dieser Wahrheit, die doch so zentral für unseren Wandel im Glauben ist.

Jährliche Gedankenstützen

Einige von Gottes Gedankenstützen wiederholen sich jährlich. Zum Beispiel befahl Er Israel die *Mo'adim* – die jährlichen Festtage – einzuhalten, die wir im 3. Mose 23 finden. Sie sollen ihnen helfen, an Seine grossen Taten zu denken, die Er für sie vollbracht hat. Durch das Ausleben dieser jährlichen Zyklen würde Israel immer an ihre frühere Sklaverei denken und daran, was Gott getan hat, um sie zu erlösen und um sie zu befreien.

Deshalb gibt es seitdem festgesetzte Zeiten, an denen Israel an seine historische Befreiung denken soll. Diese Zeiten können auch als spezielle Gedankenstützen an Gottes erlösende Wahrheit dienen. Während wir sie als Einzelne oder als Gemeinde feiern, werden uns alljährlich diese Lehren des Glaubens vor Augen gehalten. Für die Abläufe sind spezielle Vorkehrungen für uns getroffen worden, damit wir an diesen Wahrheiten teilnehmen können. Unseren Sieg im Messias zu feiern ist ein, in der Torah eingebauter Lebensstil.

Sehen Sie sich zum Beispiel einige der wichtigen Lehren an, auf die uns jeder einzelne Feiertag aufmerksam macht:

Pessach (das Passahfest) - Erlösung, Errettung, Befreiung, Freiheit

Ungesäuerte Brote - Heiligung

Die Tage zählen (Das Zählen des Omer [der Garben]) - Heiligung, Befreiung

Schawuot (Pfingsten) - das Wort Gottes, der Geist Gottes, Erstlingsfrüchte, Ekklesiologie (Geschichte der Kirche)

Jom Terua (Fest des Schofar) - Eschatologie (Lehre vom Weltende)

Jom Kippur (Versöhnungstag) - Versöhnung, Vergebung, Opfer

Sukkot (Laubhüttenfest) - Anbetung, Lobgesang, Erlösung, Endzeit, Dank, die Ernte der Gerechtigkeit in unserem Leben feiern

Alle diese Lehren, die uns die Torah vorstellt, zeigen ihre volle Entfaltung in der Brit Chadascha. Wir nennen solches eine „progressive Offenbarung". Die Torah sorgt durch die Reihenfolge der Feiertage für eine vereinigende Bedeutung dieser Begriffe. Der jährliche Kreislauf ist deshalb eine alljährliche Möglichkeit, um an die Lehren zu denken.

Wir haben nur einige der vielen täglichen, wöchentlichen, monatlichen und jährlichen Gedankenstützen erwähnt, die in den biblischen Torah-Lebensstil eingebaut sind. Wir möchten Sie dazu ermutigen, von Woche zu Woche durch die Torah zu lesen, und den traditionellen *Paraschiot* (Wochenabschnitte der Torah, die in den Synagogen gelesen werden) zu folgen. Achten Sie dabei dann auf die Gedankenstützen, und sehen Sie diese als Gaben Gottes an, die uns helfen, an Ihn zu denken und daran, was Er für uns getan hat. (Am Ende dieses Buches erscheint eine Aufstellung der Wochenabschnitte).

Gott gestaltete den Torah-Lebensstil auf diese Art, damit er uns ständig daran erinnern kann, dass Erlösung vom Anfang bis zum Ende allein Sein Werk ist. Es ist Sein Wunsch, dass wir durch ein solches Erinnern an diese Wahrheit durch unseren Glauben daran teilnehmen können. Wie kann das geschehen? In dem wir den Lebensstil der Torah leben. Es steht geschrieben in Jakobus 2, 18: „Ich will dir meinen Glauben zeigen aus meinen Werken!"

Kapitel Vier

Für mich? Für Dich? Für wen?

Für mich? Für Dich? Für wen?

Der Inhalt dieses Buches war bisher relativ einfach – aber entscheidend. Denn ohne zuerst die Natur der Torah zu ergründen, ist es unmöglich die Art und Weise, in welcher sie angewendet werden sollte, zu erläutern. Es ist ein riesiges Unterfangen, festzulegen wer der Torah gehorchen sollte. Auch ist es eine recht strittige Angelegenheit, weil es viele verschiedene Standpunkte zu diesem Thema gibt. In diesem Sinne, verstehen Sie bitte, dass wir den verschiedenen, manchmal gegensätzlichen Meinungen, die in diesem Kapitel dargelegt sind, so grosszügig wie möglich begegnen möchten. Unser Ziel ist es, zu erforschen, wieviel die Torah befolgt werden sollte – und von wem.

(Bitte beachten Sie: das Folgende ist ein Überblick von Ideen, nicht von Strömungen oder speziellen Lehrern. Deshalb sind keine formellen Etiketten an diese Ideen gehängt. Ebenso, da wir grösstenteils für Gläubige in Jeschua schreiben, werden wir nur die Punkte ansprechen, die für sie wichtig sind.)

Erste Idee:
Torah sollte man nicht befolgen

Es gibt gutmeinende Gläubige, die vorschlagen, dass die Torah ein antikes Dokument ist, ihre Vorschriften für ein bestimmtes Volk waren – die Israeliten – und für eine bestimmte Zeitspanne galten: dem Zeitalter der Gesetzesgabe. Deshalb, so sagen sie, sollte die Torah nicht mehr befolgt werden. Ein Beispiel dieses

Standpunktes beinhaltet folgendes Zitat aus Arnold Fruchtenbaum's Buch *„Israelology"*:

> Die glasklare Lehre des Neuen Testamentes ist, dass das Gesetz des Mose durch den Tod Christi für ungültig erklärt wurde; in anderen Worten: das Gesetz hat in seiner Gesamtheit über den Einzelnen keine Macht mehr. [9]

Nicht zur Erlösung

Diese Meinung, die Fruchtenbaum so passend eingefangen hat, basiert auf einer fehlerhaften Annahme über Art und Zweck der Torah. Gehorsam zur Torah des Mosche hatte nie die Absicht, Erlösung zu schaffen oder zu erhalten. Es ist ganz einfach kein Erlösungsdokument. Durch sachgemässes Verstehen der Torah kann man lernen, wie man eine Beziehung mit dem Herrn eingehen kann – durch Seine Gnade und durch Glauben. Jedoch gab Er uns dieses Dokument nie, um Erlösung durch Gehorsam zu erhalten.

Es gibt einige Abschnitte in der Brit Chadascha, welche auf den ersten Blick so erscheinen, als würden sie Fruchtenbaum's Standpunkt unterstützen. Zum Beispiel sagt Hebräer 8, 7: „Denn wenn der erste Bund untadelig gewesen wäre, würde nicht Raum für einen anderen gesucht." Vers 13 fährt mit diesem Argument fort „Indem Er sagt: ‚Einen neuen Bund', macht Er den ersten alt. Was aber alt und überlebt ist, das ist nahe bei seinem Ende."

Im Grunde würde die Lehre dieser Verse für alle, die meinen, dass die Torah auch in der heutigen Zeit befolgt werden sollte, vernichtend erscheinen. Jedoch könnte eine nähere Untersuchung auch eine andere Schlussfolgerung offenbaren.

Erstens ist es wichtig, den Zusammenhang dieser Verse zu beachten. Diese Stelle ist direkt in die Mitte eines Abschnitts des

Hebräerbriefs eingebettet, der über die Opfer und das Priestertum diskutiert. Zentral im Bündnis mit Mosche war das Sühnesystem, welches das Benützen von Opfertieren voraussetzte und eine spezielle Arbeiterklasse, die man Priester nannte. Der Hebräerbrief wurde an jüdische Gläubige geschrieben, um ihnen zu zeigen, dass *dieser eine Aspekt* des Bündnisses dabei war, sich zu verändern. Seine schillernde Botschaft ist die, dass durch Jeschua von Nazareth, den Messias, das Ende oder das Erreichen des Höhepunktes dieses speziellen Systems kam. Sein Tod war die ein für allemal endgültige Sühne durch Sein Blut, welches Er auf dem Altar im himmlischen *Mischkan* (der Stiftshütte) geopfert hat.

In einer weiteren Betrachtung befassen wir uns mit den Worten: „Was aber alt und überlebt ist, das ist nahe bei seinem Ende." Als der Hebräerbrief geschrieben wurde, waren mindestens zwei (vermutlich drei, wenn wir die Samariter mit dazu zählen) jüdische priesterliche Systeme in Gang. Das Bekannteste davon – von den Sadduzäern geleitet – konzentrierte sich auf den Zweiten Tempel in Jerusalem. Es ist das meist erwähnte in der Brit Chadascha.

Jedoch unterstützten nicht alle den Tempel und sein System. Folglich gab es ein zweites jüdisches Priester- und Opfersystem, welches durch die Gemeinschaft am Toten Meer (Qumran) geleitet wurde, und welches in heftigem Widerstand zum Tempelsystem der Sadduzäer in Jerusalem stand. Gleichgültig welches System ein anerkannteres Ansehen hatte, beide waren ein Zeugnis dafür, dass das Opfersystem im ersten Jahrhundert uZ, und während der Zeit zu welcher der Hebräerbrief vermutlich geschrieben wurde, lebendig und in vollem Gange war.

Diese Situation veränderte sich drastisch als Jeschua starb. Die Evangelien bezeugen, dass bei Seinem Tod der Vorhang, der das Heilige vom Allerheiligsten im Zweiten Tempel trennte, in zwei Hälften zerriss (Matthäus 27, 51). Dies war ein eindeutiger Hinweis von Gott: Gleichgültig welche Opfer im Tempel dargebracht wurden, sie würden als überflüssig erachtet werden.

Denn das wirkliche Opfer hatte durch den Tod von Jeschua stattgefunden.

Bedenken Sie jedoch: Gott zerstörte den Tempel nicht. Seine Opfer fanden ungefähr 40 Jahre lang nach der Himmelfahrt Jeschuas weiterhin statt. Ebenso wenig zerstörte Er damals die Gemeinde am Toten Meer. Beide lebten weiter bis zur Ersten Jüdischen Revolte (68 – 73 uZ) – was uns zeigt, dass diese Systeme immer noch zu der Zeit in Gang waren, als die jüdischen Gläubigen den Hebräerbrief lasen. Da die Rudimente des älteren Bündnisses noch immer funktionierten, kann man sagen, dass sie noch nicht beendet waren. Statt dessen waren sie „aber alt und überlebt". Aber nur das Opfersystem! In anderen Worten: Dieser Vers sagt sehr wenig über die Gesamtheit der Torah aus, jedoch viel über die speziellen Anweisungen der Torah betreffs der Opfer. [10]

Was diese Verse anbetrifft, würden wir gerne ein weiteres Detail erwähnen: Hebräer 8, 7 deutet an, dass das ältere Bündnis unvollkommen war. Ein fehlerloses musste her. Das heisst nicht, dass *alles* am älteren Bündnis unvollkommen war. Ist zum Beispiel an Sukkot etwas Unvollkommenes? Wenn ja, dann sollte vielleicht jemand den Propheten Sacharja informiert haben, bevor er uns erzählte, dass die ganze Welt nach der Wiederkunft des Messias Sukkot feiern würde! Zusätzlich zu Sukkot sagt Jesaja 2, 3 dass es die Torah sein wird, die im Messianischen Reich von Zion ausgehen wird. Wie kann etwas so „Unvollkommenes" wie die Torah einen Anteil im Messianischen Reich haben?

Nicht das Bündnis als Ganzes war unvollkommen, nicht einmal die meisten seiner speziellen Bestimmungen. Es war das Opfersystem! Tieropfer konnten Sünde nur vorübergehend zudecken. Aus diesem Grund wurde Jom Kippur alljährlich eingehalten. Der Hebräerbrief lehrt uns jedoch, dass das fehlerlose Opfer Jeschuas dieses unvollkommene Opfersystem ersetzt hat.

„Gesetz gegen Gnade“

Der Glaube, dass die Torah nicht mehr befolgt werden sollte, kommt oft von einem Missverständnis betreffend der Natur dieses Dokuments selbst. Es ist richtig, wenn wir erkennen, dass es ein biblisches Bestreben der Torah war „auf die Sündhaftigkeit des Menschen hinzuweisen“.[11] Jedoch gibt es mehr biblische Bestrebungen der Torah als nur diejenige, uns auf unsere Fehlverhalten hinzuweisen.

Ausserdem halten einige Gelehrte nicht an der grundsätzlichen Definition des hebräischen Wortes Torah fest, was „Lehre“ bedeutet. Statt dessen haben sie es mit dem Wort „Gesetz“ übersetzt. Das griechische Wort, das benutzt wurde, um den hebräischen Text in der Septuaginta zu übersetzen, überlieferte auch wirklich oft das Wort „Gesetz“. Das bedeutet jedoch nicht, dass der biblische Text immer und überall so übersetzt werden sollte, besonders in der Brit Chadascha. Rabbi Eckstein bestätigt dies mit seiner Aussage: „Der Fachausdruck Torah hat eine Reihe verschiedener zusätzlicher Bedeutungen. Etymologisch bedeutet er „Lehre“ und nicht – wie er oft fälschlich – mit dem Wort „Gesetz“ übersetzt wird.“ [12]

Dieses Übersetzungsproblem gab dann Anlass zu einer irrtümlichen theologischen Spaltung in vielen christlichen Kreisen. Oft wird diese Spaltung „Gesetz gegen Gnade“ oder ähnlich genannt. Darauf basierend stellen einige Theologen die Torah gegen das Prinzip der „Gnade“, so als ob sich die zwei bekämpften. Diese problematische theologische Formulierung endet dann in Aussagen wie: „Mit dem Kommen Christi ersetzte Gnade als Lebensregel das Gesetz als Lebensregel.“ [13] Erklärungen dieser Art sind weit verbreitet, um viele Gläubige gegen die Torah zu beeinflussen.

Sicher, wenn Torah gegen Gnade wäre, dann wäre die oben genannte Aussage vielleicht wahr. Aber die Torah ist nicht gegen die Gnade. Wenn wir an der richtigen Definition von Torah als „Lehre“ – und nicht als „Gesetz“ – festhalten, dann sind Aussprachen wie die obige sehr unglücklich und sollten vermieden werden. Lasst es uns nachdrücklich sagen: Es ist der Mensch, der durch falsches Handeln, falsches Übersetzen und Missbrauch der Torah diese dazu veranlasst, gegen Gnade zu sein – und nicht das Dokument selbst!

Zweite Idee: Es sollten nur bestimmte Teile der Torah befolgt werden

Einige würden sozusagen lieber nicht gleich alles über Bord werfen. Sie möchten weder sagen, die Torah sollte in ihrer Gesamtheit *gar nicht* befolgt werden, noch möchten sie sagen, dass sie befolgt werden sollte. Diejenigen, die diese Ansicht haben, sprechen manchmal von der Torah mit einer dreifältigen Gliederung: zivil, zeremoniell und ethisch. Die zivilen Bereiche der Torah handeln von Regierungsfunktionen, wie die Lehren betreffs Todesstrafe und anderer rechtswissenschaftlicher Angelegenheiten. Die zeremoniellen Bereiche betreffen die Opfer, die Priesterschaft und alles in Verbindung mit diesen Einrichtungen. Die ethischen Gesetze sind diejenigen welche bestimmen, wie eine Person im Alltag in der Beziehung zu seinen Mitmenschen leben sollte.

In gewisser Weise ist auch etwas Wahres an dieser Ansicht dran. Gleichgültig wie wir bestimmte Abschnitte des Hebräerbriefes verstehen, so ist es doch klar, dass der Brief mindestens einen einzelnen Bereich der Torah aussondert, nämlich den „zeremoniellen". Zusätzlich gibt es bestimmte Teile der Torah, die nur von denjenigen, die in Israel leben, anwendbar sind.

Wenn wir jedoch anfangen, die Torah in einer Art und Weise zu zerlegen, wie es nie gedacht war, werden unvermeidbar hermeneutische Schwierigkeiten entstehen. Denken Sie daran: Die Torah ist ein Bündnis. Sie sollte als Ganzes verstanden werden. Zum Beispiel: Ist es wirklich fair gegenüber der Torah zu sagen, dass jemand nur dem ethischen Bereich gehorchen, den zivilen jedoch ignorieren wird? Und noch viel wichtiger: Gibt uns die Torah selbst das Recht solche Unterschiede zu machen? Die einzige Ausnahme wird uns von der Brit Chadascha genannt: Die Opfer würden nicht mehr nötig sein.

Dritte Idee:
Die ganze Torah sollte befolgt werden – jedoch nicht unbedingt vom physischen Israel

Einige Theologen sagen, dass die ganze Torah befolgt werden sollte, jedoch von jenen in der Kirche – welche, so sagen sie, Israel theologisch ersetzt haben. Natürlich lassen sie hinsichtlich der Lehren von den Opfern gelten, dass diese im Messias zur Vollendung kamen. Trotzdem halten sie es weiterhin für Gläubige zur Pflicht, den Rest der Torah zu befolgen.

Durch die Meinung, dass die Kirche Israel ersetzt hat, haben die Anhänger dieser Ansicht bereits ihre grundsätzliche Methode der Hermeneutik geoffenbart: Vergeistlichung. Sie haben die grundlegende buchstabengetreue Auslegung der Bibel an eine symbolische, geistliche oder gleichnishafte Deutung abgetreten. Seit dem mittleren 2. Jahrhundert hat eine solche Ansicht die meisten Kirchen charakterisiert und fährt bis zum heutigen Tag weiterhin damit fort, einen Grossteil – ja sogar die gläubige, evangelikale Gemeinde – damit zu verseuchen.

Sicher, diejenigen, welche sich dieser Ansicht verschrieben haben, sind beharrlich: So wie sie das wirklich existierende Israel in die Kirche umwandeln, genauso vergeistlichen sie viele der speziellen Lehren der Torah. Wir haben zum Beispiel mehrere Leute getroffen, und auch einige ihrer Schriften gelesen, die an dieser Denkweise festhalten. Aber wir warten immer noch darauf, jemanden von ihnen zu treffen, der die Quasten trägt, wie es im 4. Mose 15 steht. Ebenso haben wir noch keinen getroffen, der treu den Feiertagszyklus vom 3. Mose 23 einhält. Irgendwie werden diese Teile der Torah vergeistlicht, damit sie etwas anderes bedeuten und somit nicht befolgt werden müssen.

Wir glauben, dass diese Art der Auslegung nicht mit der richtigen Exegese (wörtliche Auslegung) der Heiligen Schrift vereinbar ist. Besonders Römer 11 macht einen klaren Unterschied zwischen nicht-jüdischen Gläubigen in Jeschua und dem physischen Israel. Dort wird klar ausgesagt, dass es noch einen Zukunftsplan für das physische Israel gibt. Ja, sicher gibt es Allegorie und Vergeistlichung innerhalb der Bibel. Jedoch muss das Anwenden einer solchen bildlichen Sprache durch Anerkennen von deren richtigem Platz innerhalb der wörtlichen, grammatikalen und historischen Methode der Auslegung bestimmt sein. Durch konsequentes Benützen einer wörtlichen Methode der Schriftenauslegung können wir deshalb leicht solche Theorien, wie das Ersetzen von Israel durch die Kirche, beiseite legen.

Vierte Idee:
Die Torah kann heutzutage von Israel und allen die es möchten angewendet werden

Jetzt kommen wir zu unserer letzten Kategorie. Es ist die Meinung, dass die Torah auch in dieser heutigen Zeit von den Gläubigen befolgt werden sollte – besonders den jüdischen Gläubigen in Jeschua.

Dem Überrest, zuerst und am allermeisten

In den grundlegenden Kapiteln dieses Buches haben wir die einzigartige Beziehung zwischen der Torah und der existenten Nation Israel demonstriert. Die Torah ist Israels nationale Verfassung, heilige Hochzeits-Ketuba und ihr feierliches Bündnis mit Gott. In der Heiligen Schrift gibt es keinen Hinweis dafür, dass diese spezielle Beziehung beendet wurde. Der Beginn der Brit Chadascha sowie die Ergänzung mit den anderen Bündnissen hob ihre Vorgänger nicht auf, sondern bestätigte, stärkte und ergänzte sie nur. Dies ist die treibende Kraft von Scha'uls Argument im Galater 3, besonders dort, wo er fragt: „Wie? Ist denn die Torah wider Gottes Verheissungen? Das sei ferne!" (Galater 3, 21)

Die Anschuldigung gegen Scha'ul

Die jüdischen Gläubigen des ersten Jahrhunderts verstanden auch diese Wahrheit. Apostelgeschichte 21 veranschaulicht dies mit der Erzählung eines bemerkenswerten Vorfalls in Scha'uls Leben. Als er von einer Reise zurückkam, in der er die Gute Nachricht auch den Heiden mitgeteilt hatte, sah sich Scha'ul der Leitung von Jerusalem gegenübergestellt. Sie sagten, es werde gemunkelt, dass du „alle Juden, die unter den Heiden wohnen, den Abfall von Mose lehrst und sagst, sie sollen ihre Kinder nicht beschneiden und auch nicht nach jüdischer Weise leben." (Apostelgeschichte 21, 21). Jetzt wollten die Leiter wissen: Waren diese Anschuldigungen richtig oder falsch?

Nicht allzulange vor diesem Treffen hatte Scha'ul den Gläubigen in Galatien und Rom geschrieben. Sie waren anlässlich einiger schwieriger Einzelheiten, die er betreffs der Torah geschrieben hatte, verwirrt gewesen. Jetzt, von Angesicht zu Angesicht mit dem Rabbi, wollten sie die Wahrheit in dieser Angelegenheit wissen: „Folgst Du der Torah oder nicht? Bist Du dafür, dass andere jüdische Gläubige der Torah gehorsam sind?" In anderen Worten: Ist es immer noch so, dass jüdische Gläubige in Jeschua der Torah folgen sollen?

Dies war Rav Scha'uls grosser Moment für seinen Einfluss als grösster Theologe (ausser Jeschua), den die Gemeinde des Messias je hatte. Was würde er in diesem Moment entscheidendster Bedeutsamkeit sagen oder tun? Es würde über die richtige Auslegung seines Briefs hinsichtlich der verwirrenden Aussagen über die Torah entscheiden. Es würde ebenso ein Präzedenzfall für alle anderen folgenden jüdischen Gläubigen sein.

Was geschah also? Die Ältesten gaben ihm Gelegenheit, die Behauptungen zu widerlegen, indem er vier von ihnen bezahlte, die das im 4. Mose 6 beschriebene Gelübde eines Gott-Geweihten abgelegt hatten. Er sollte nicht nur ihre Unkosten bezahlen, sondern auch mit ihnen durch ein Reinigungsbad gehen. – Er tat genau das, worum er gebeten worden war (Vers 26) – regelrecht beschämend für viele der heutigen, modernen, evangelikalen Theologen.

Scha'ul hatte hier eine Aussage gemacht, die durch die Jahrhunderte hindurch hätte wiederhallen sollen: „Die Torah gilt auch heute! Jüdische Gläubige sollten gelehrt und ermutigt werden, der Torah des Mosche zu gehorchen!" Viele mögen diese Schlussfolgerung gar nicht schätzen, aber der griechische Text im Vers 20 sagt uns, dass es zehntausende messianischer Juden in Jerusalem gab „die gläubig geworden sind, und sind alle Eiferer für die Torah".

Vier Jahrhunderte später

Das Leben war nicht leicht für die frühen jüdischen Gläubigen. Weil sie ihr Vertrauen auf Jeschua setzten, erlitten sie Verfolgung von den traditionellen Juden. Weil sie am Bündnis vom Sinai festhielten, würden sie schlussendlich obendrein auch Verfolgung von anderen Gläubigen in Jeschua erleiden. Nachdem die sogenannte Zweite Jüdische Revolte (die richtige Revolte fand in Alexandria, Cyrenaika und Zypern statt) gegen Rom 135 uZ so kläglich versagt hatte, machten viele Kirchenführer und Prediger konzentrierte Bemühungen, um aus der Kirche jeglichen jüdischen Prunk zu entfernen. So ist es überflüssig zu erwähnen, dass es das messianisch jüdische Leben nach der Torah war, welches die Verfolgung der Mitgläubigen brachte.

Jedoch gab nicht jeder dem Druck nach. Vom ersten Tag an gab es einen Überrest von jüdischen Gläubigen, die dem Bündnis treu blieben. In der Kirchengeschichte nennt sich diese Gruppe: die Nazarener. Als wir in der Bibelschule und an Seminaren teilnahmen, wurde uns sehr wenig über die Nazarener gelehrt. Sie wurden dargestellt als eine Gruppe jüdischer Gläubiger, die leider immer noch am „Gesetz des Mose“ festhielten.

Dr. Ray Pritz, der seine Doktorarbeit über diese Gruppe machte, veranschaulicht dies in einem verständlicheren Bild. Er schreibt: „Da taucht in unseren Überlegungen ein Wesen, eine lebensfähige Existenz von gesetzestreuen Christen mit jüdischem Hintergrund auf. Sie waren direkte Nachkommen der ersten jüdischen Gläubigen an Jesus.“ Ausserdem: „Die Nazarener liessen sich (oder irgendeinen anderen Juden) nicht an das mündliche Gesetz binden, wie es in der Mischna verkörpert wird. In ihrer Christologie nannten sie Christus auch den Sohn Gottes. Und abschliessend: Diese Gruppe hatte die Hoffnung nicht verloren, dass sich das jüdische Volk wenden und Jesus als Messias akzeptieren würde.“[14]

Beide, die Nazarener und ihre Vorgänger, die jüdischen Gläubigen, von denen wir in der Apostelgeschichte lesen, dienen als Beispiel dafür, dass, biblisch gesehen, jüdische Gläubige in Jeschua schon immer eine spezielle Beziehung zur Torah hatten. Sie waren auserwählt, um ihr zu folgen.

Ein Überrest von jüdischen Gläubigen, die nach den Regeln der Torah lebten, hielt sich bis gegen Ende des vierten Jahrhunderts. Danach verliessen die Torah-gehorsamen jüdischen Gläubigen irgendwie die Seiten der Geschichte. Heute findet eine weitere jüdische Erweckung statt. Mehr und mehr jüdische Gläubige in Jeschua lernen die Bedeutsamkeit eines Lebens nach der nationalen Verfassung unseres Volkes – der Torah – kennen.

Ein abgeändertes Bündnis

In welchem Ausmass kann man der Torah gehorchen? Der Hebräerbrief gibt uns einen Teil der Antwort. Im Hebräer 8 – 10 wird uns gesagt, dass das ältere Bündnis ganz sicher modifiziert, jedoch nicht hinweg getan wurde! Die Brit Chadascha lehrt uns ganz klar, dass Gott nicht von uns verlangt, ein Lamm in unseren Tempel zu bringen. Jeschua selbst ist das Opferlamm.

Es gibt viele historische Beispiele von Bündnissen und nationale Verfassungen, die modifiziert oder abgeändert worden sind. Der erste Satz von Abänderungen in der Verfassung der Vereinigten Staaten nennt sich „The Bill of Rights" (Die Grundrechte der USA). Wenn also die Verfassung abgeändert wird, heisst es dann, dass die Amerikaner die „alte" Verfassung nicht mehr befolgen sollten? Natürlich nicht! Sie ist immer noch gültig, und die Staatsangehörigen der USA haben eine spezielle Beziehung zu ihr, welche die Menschen anderer Länder nicht geniessen.

Lasst uns nun diese Idee weiter tragen, in die Brit Chadascha. Das Neue Bündnis machte das Bündnis vom Sinai nicht ungültig, sondern änderte es einfach ab. Es könnte sogar ein interessanter linguistischer Fall aus dem hebräischen Verb „neu" *chadasch* (חדש) gemacht werden, denn es ist dasselbe Wort, welches bei der Neuerscheinung des Mondes alle 30 Tage verwendet wird. Dies nennt sich dann Monat. Im Hebräischen haben „Monat" und „neu" die selbe Wurzel: chadasch. Was geschieht hier nun? Erhalten wir jeden Monat einen ganz neu erschaffenen Mond? Nein! Die Erscheinung des Mondes ist lediglich *erneuert.* Nehmen wir nun diesen Begriff hinüber zu dem Wort „neu", dann ist das Neue Bündnis (das Neue Testament) nicht ein brandneues, frisch unterzeichnetes Abkommen. Es ist vielmehr einfach eine Bündniserneuerung, die mit den entsprechenden Abänderungen und Zeichen der Ratifizierung vervollständigt wurde. So wurden all die Vorschriften betreffend der Opfer und dem Priestersystem darin abgeändert, und müssen demzufolge auch nicht eingehalten werden.

Die göttliche Erlaubnis

Den Einstig in diese schwierige Diskussion möchten wir mit zwei persönlichen Aussagen beginnen. Die erste betrifft die Motivation des Einzelnen, der Torah zu gehorchen. Offen gesagt glauben wir, dass niemand, ob jüdisch oder nicht-jüdisch, durch ein Leben nach der Torah seine Erlösung verdienen, erarbeiten, oder erhalten kann. Unsere zweite Aussage ist die, dass wir in dieser ganzen Diskussion über die Beziehung von nicht-jüdischen Menschen zur Torah bewusst vermieden haben, die Worte „müssen" und „sollten" zu gebrauchen. Denn das Benützen dieser Worte neigt dazu, gewisse offensichtliche Dinge zu vernebeln, egal auf wen wir sie beziehen.

Wie können wir uns also auf eine echt bedeutungsvolle Erforschung dieses Themas einlassen ohne diese Worte zu verwenden? Wir können damit anfangen, die Tragweite einer Serie von biblischen Abschnitten zu untersuchen, die sich direkt auf das Thema beziehen, nämlich dass die Beziehung einer nicht-jüdischen Person zur Torah zu allermindest die einer Genehmigung und einer Ermutigung ist.

Und was ist mit all diesen Menschen?

Durch die Gnade Gottes erhielten wir überwältigende, begeisterte Rückmeldungen auf unsere erste (englische) Auflage *Torah Rediscovered.* Diese Mitteilungen kamen jedoch aus einer völlig unerwarteten Ecke. Wir hatten angenommen, dass das Buch besonders in Messianisch Jüdischen Kreisen gelesen und betrachtet werden würde. Was wir aber gar nicht vorausahnen konnten, waren die plötzlichen und positiven Berichte von denjenigen, die nicht wirklich als Messianische Juden eingeordnet werden können. Wir meinen hier die Gläubigen in den Gemeinden, Hauskreisen, und Kirchen, welche aus traditioneller Ansicht die Torah nicht so angenommen hatten, wie sie in diesem Buch unterstützt wird. Ferner sind wir beeindruckt von der beträchtlichen Anzahl von Menschen, die auf diese Botschaft antworteten. Viele Evangelikale, Charismatiker und auch andere sind hungrig danach, mehr über die Torah zu erfahren. Hinzukommend haben jedoch auch viele von ihnen ein tiefes Verlangen ausgedrückt, nicht nur die Torah kennen zu lernen, sondern auch zu lernen, wie man ihr gehorchen kann.

Was sollen wir solchen Menschen antworten? Viel wichtiger noch: Was würde der Ewige ihnen sagen? Um dies beantworten zu können, müssen wir Sein Wort betrachten. Nachfolgend sind nun einige Stellen aus der Heiligen Schrift zitiert, die alle dieses Eine gemeinsam haben: Alle haben uns etwas über die Beziehung von Nichtisraeliten zur Torah von Israel zu sagen. Obwohl diese Abschnitte von einigen recht verschiedenen Stellen aus der Heiligen Schrift kommen, werden wir uns sehr bemühen, den Zusammenhang und ihre beabsichtigte Bedeutung nicht zu verfälschen. Wir möchten Sie bitten, diese Lehren in Ihr Gebet aufzunehmen und reiflicher Überlegung zu unterwerfen.

Unser Vater Abraham

Abraham war kein jüdischer Mann. Er war als Heide in der Stadt Ur in Chaldäa, einer Stadt in Mesopotamien, geboren. Es ist nicht bekannt, wie er zum Glauben an den Einen, wahren Gott kam, den Schöpfer des Himmels und der Erde, den Gott seiner Nachkommen (Israel). Während wir jedoch über ihn in den Kapiteln des 1. Buch Mose lesen, sehen wir in ihm einen Heiden, der eine unendlich tiefe Beziehung mit Gott hatte.

Es ist wahr, dass Abraham der Vater des jüdischen Volkes ist. Aber er selbst wurde nicht als Jude geboren. Das Judentum begann mit Abraham, als Gott einen Bund durch die Beschneidung mit ihm und seinen Nachkommen einging.

Abraham lebte mehrere hundert Jahre, bevor einer seiner Nachkommen, Mosche, die Torah auf dem Berg Sinai empfing.

Trotzdem sagte der Herr über ihn: „...weil Abraham Meiner Stimme gehorsam gewesen ist und gehalten hat Meine Rechte, Meine Gebote, Meine Weisungen und Meine Torah." (1. Mose 26, 5) Eigentlich ist die Hebräische Version sogar noch nachdrüklicher: „...weil Abraham Meiner Stimme gehorsam gewesen ist und gehalten hat Meine schützenden Rechte, Meine Gebote, Meine Weisungen und Meine Torah."

Wie konnte Abraham dies tun, bevor die Torah, die Mitzwot und die Chukim Mosche offenbart worden waren? Wie kam er dazu, den Namen des Herrn anrufen? Wie konnten sowohl er, wie auch sein Vorfahre Noach (Noah) wissen, dass es Blutopfer für eine akzeptable Beziehung zum Herrn brauchte? Könnte es sein, dass der Herr selbst diesen nicht-jüdischen, gottesfürchtigen Menschen irgendwie Teile Seiner heiligen Torah offenbart hatte, mit der Erwartung, dass sie diese Lehre als Sein an sie gerichtetes Wort annehmen würden?

Israel sollte die Heiden anlocken

Lasst uns durch die Geschichte reisen, in die Zeit hinein, als Abrahams eigene Familie, die Kinder Israels, in der Ebene des Jordantals gegenüber von Jericho lagerte und sich darauf vorbereitete, das Verheissene Land einzunehmen.

Der Herr hatte diese Nation gerufen, um abgesondert und heilig für Ihn zu sein. Sie sollte die Torah als ein gewaltiges Zeugnis des wahren Gottes vor den umliegenden Nationen ausleben. Sie sollte zeigen, wer Er war, und welches Verhältnis Er sich mit den Menschen wünschte. Gott rüstete Israel auf vielfältigste Art und Weise dafür aus. Zum Beispiel entschied Er sich, den Standpunkt dieser Nation auf den Nabel der Welt zu legen! Das Verheissene Land war eine alte und natürliche Landbrücke zwischen Japan, Indien und China im Fernen Osten, Afrika im Süden, und Europa im Norden. Demzufolge führte eine der meist befahrenen antiken Handelsstrassen durch Israel. Und so waren

Israels Menschen von allen Nationen der damals bekannten Welt reichlich exponiert.

Ferner rüstete der Ewige Israel mit der Torah aus. Dieses Schriftstück beinhaltete Vorschriften und Weisungen für eine korrekte Beziehung zu Gott, um ein friedliches Leben mit den anderen und Wohlstand im Land zu finden. Hätte Israel die Torah zu ihrem nationalen Lebensstil gemacht, so wie Gott es gewollt hatte, dann hätten alle Nationen der Erde diese Art von Leben entdeckt und wären dem Gott Israels – dem einen wahren Gott – zugeströmt. Wir lesen in der Torah selbst:

> „Siehe ich habe euch gelehrt Gebote und Rechte, wie mir der Herr, mein Gott, geboten hat, dass ihr danach tun sollt im Lande, in das ihr kommen werdet, um es einzunehmen. So haltet sie nun und tut sie! Denn dadurch werdet ihr als weise und verständig gelten bei allen Völkern, dass, wenn sie alle diese Gebote hören, sie sagen müssen: Ei, was für weise und verständige Leute sind das, ein herrliches Volk! Denn wo ist so ein herrliches Volk, dem ein Gott so nahe ist wie uns der Herr, unser Gott, sooft wir ihn anrufen? Und wo ist ein grosses Volk, dass so gerechte Ordnungen und Gebote hat wie dies ganze Gesetz, das ich euch heute vorlege?" (5. Mose 4, 5 – 8)

Nehmen wir mal für einen Moment lang an, es hätte geklappt! Nehmen wir an, dass einige Gruppen von Heidenvölkern die Weisheit des Gottes Israels – kundgemacht durch das Ausleben der Torah – beobachtet hätten. Und zur Eifersucht gereizt, hätten sie sich entschieden, den Gott Israels anzunehmen. Was dann? Hätte Israel dann zu diesen Nichtjuden gesagt: „Ihr könnt zwar unseren Gott haben, aber nicht unsere Torah"? Das wäre lächerlich gewesen! Der Text im 1. Mose enthält eine ganz klare Aussage: Den Gott Israels anzunehmen bedeutete auch, die offenbarte Weisheit Seiner Torah auszuleben.

Die Propheten trafen Vorkehrungen für die Heiden

Lasst uns wieder durch die Jahrhunderte schweifen, bis ungefähr 700 vuZ. Als Jesaja, einer der grössten Propheten Israels, sein Buch schrieb, tat er dies mit der Absicht, Israel und Juda zu warnen. Sie sollten ihre Sünden sein lassen und ihr Leben nach dem Torah-Bündnis ausrichten. Er ermutigte auch den treuen Überrest von Gläubigen, in ihrem Glauben am Herrn festzuhalten.

Gleichwohl hatte Jesaja auch eine Botschaft für die Heiden. Er hatte Worte des Tadels und der Warnung für sie, wie es uns Kapitel 13 – 23 zeigen. Besonders im Kapitel 56 finden wir jedoch auch Worte der Ermunterung für den Überrest der Heiden, die dem Gott Israels nachfolgten. Für das, was wir Ihnen zeigen wollen, ist dies wirklich ein äusserst bemerkenswerter Abschnitt, der unsere genaueste Aufmerksamkeit verdient.

Im Kapitel 56 beginnt Jesaja mit der Ermutigung für den Überrest Israels, weiterhin dem Torah-Bündnis zu folgen. Der Prophet ruft sie auf „wahret das Recht und übt Gerechtigkeit" und „haltet den Schabbat". Dies sind Worte, die wir von einem Propheten Israels oder Judas erwarten würden, wie er sie zu jüdischen Leuten spricht. Beachten Sie jedoch, wen Jesaja im Vers 3 und 6 anspricht. Er spricht zu „den Fremden" – aber nicht irgendwelchen Fremden. Dies sind *Fremde, die sich dem Herrn zugewandt haben.* In anderen Worten: Der Prophet hat den nicht-jüdischen Gläubigen einige wichtige Dinge zu sagen.

Erstens sagt Jesaja diesen nicht-Israelis (nicht-jüdische Gläubige), dass der Herr selbst sicherstellen wird, dass sie in den Überrest von Seinem Volk in Israel *mit einbezogen* werden sollen. Dies ist die treibende Kraft vom Kapitel 56, 3.

Zweitens – wahrscheinlich, weil diese gläubigen Heiden einen Anteil zusammen mit Israel haben – erinnert Jesaja sie daran, dass der Herr ihnen Zugang zu „Meinem heiligen Berg“ gestatten wird, und dass Er ihre Opfer im Tempel annehmen wird, „denn mein Haus wird ein Bethaus heissen für alle Völker“. (Auf Hebräisch lautet das Wort für Völker: amim). Anders gesagt: Gott tat alles, was Er konnte, um sicherzustellen, dass diese nicht-israelitischen Gläubigen mit Israel, dem Volk des Bundes, gleichgestellt waren. Und trotzdem bezeichnet Er sie nicht als Israel, sondern als „Fremde“!

Drittens, beachten Sie, wie Jesaja den Lebensstil dieser heidnischen Gläubigen beschreibt. Er charakterisiert sie im Vers 6 als Leute „die den Sabbat halten, dass sie ihn nicht entheiligen, und die an meinem Bund festhalten“. Dies ist eine äusserst bemerkenswerte Aussage über Gläubige, die nicht körperlich in das Volk Israel hineingeboren waren. Das heisst: Obwohl sie wegen ihrer Geburt nicht als „Juden“ bezeichnet werden konnten, waren sie doch wegen ihrer Beziehung zum Herrn berechtigt, der Torah zu folgen – und sogar zum Gehorsam ermutigt worden! Zusätzlich wurden sie als Teilnehmer „des Bundes“ bezeichnet.

Und schliesslich: Im Vers 8 prophezeit Jesaja über die nachfolgenden Generationen. Er sieht über seine jetzige Situation hinaus und sagt: „Gott der Herr, der die Versprengten Israels sammelt, spricht: Ich will noch mehr zu der Zahl derer, die versammelt sind, sammeln.“ Zuallermindest versprach der Herr, dass viele aus anderen Völkern an Ihn glauben werden – was einen Lebensstil nach der Torah mit sich bringt! Wann soll das geschehen? Die natürlichste Antwort darauf wäre: Bei der Sammlung der Heiden, wie es in der Apostelgeschichte beschrieben wird.

Jeschua stellt die Torah den Völkern vor

Kurz bevor Er zum Thron Seines Vaters zurückkehrte, von dem Er gekommen war, gab der Messias seinen *Talmidim* sorgfältige Anweisungen, die sie befolgen sollten. Er sagte ihnen in Matthäus 28, 19: „Deshalb geht und macht Menschen aus allen Völkern zu Talmidim, indem ihr sie eintaucht in die Wirklichkeit des Vaters, des Sohnes und des Ruach Ha Kodesch."

Dieser Abschnitt, der von vielen Gläubigen oft als „Missionsbefehl" bezeichnet wird, beinhaltet mehrere Punkte, die von ernsthaften Bibellehrern in den Gemeinden häufig übersehen werden. Der Erste betrifft die Art des Lehrstoffs, den die Nachfolger Jeschuas den potentiellen Gläubigen der Heiden lehren sollten. Jeschua nennt sie: „Meine Gebote". Die Mehrheit Seiner Lehren besteht ausdrücklich aus Torah-Abschnitten und Torahbasierenden Lehren. Ferner: Da Er höchstwahrscheinlich hebräisch mit Seinen hebräisch sprechenden Nachfolgern redete, hatte Er sicher das Wort „Mitzwot" gebraucht, welches wir als „Gebote" übersetzt haben. Die Mitzwot waren Teil der Anweisungen der Torah. In anderen Worten: Es ist nicht schwer zu sehen, dass Jeschua Seine Jünger angewiesen hatte, die Torah (die Lehre über Gottes Gerechtigkeit) denjenigen Heiden zu lehren, die glauben würden. Dies würde vollkommen mit der Prophezeiung von Jesaja 56 übereinstimmen, die wir bereits oben untersucht haben.

Die Torah den Heiden vorstellen

Das nächste wichtige Kapitel zu unserem Thema betrifft Apostelgeschichte 15. Sicher, dies ist kein Abschnitt, der sich einfach auslegen lässt. Er enthält jedoch wichtige Verse, die uns zeigen, wie die Gläubigen aus den Heiden von den frühen jüdischen Nachfolgern Jeschuas aufgenommen wurden. Hier können wir auch mehrere Dinge darüber lernen, wie sich gläubige Heiden der Torah gegenüber verhalten sollten.

Die erste Aussage, die in Apostelgeschichte 15 gemacht wird, ist, dass niemand der Torah gehorchen soll, um dadurch Rechtfertigung erlangen zu wollen. Betreffs dieser Erlösung bestätigten die Leiter: „Gott machte keinen Unterschied zwischen uns und ihnen; nachdem Er ihre Herzen gereinigt hatte durch den

Glauben“ (Vers 9). Nachdem diese Wahrheit gesagt worden war, erzählt uns jedoch dieses Kapitel auch, dass die jüdische Führung unverkennbar die Torah in ihren Köpfen zuvorderst hatte. In den Versen 19 – 21 sehen wir, wie die Leiter weiter folgern, dass die neuen gläubigen Heiden eine unverkennbare Beziehung zur Torah haben sollten. Betreffs einer solchen Beziehung gab es mehrere Gesichtspunkte.

Erstens: – vermutlich um die Tischgemeinschaft zwischen jüdischen und nicht-jüdischen Mitgliedern der Gemeinde Jeschuas zu vereinfachen – wiesen die Ältesten in Jerusalem die nicht-jüdischen Gläubigen an, die Teile der Torah zu befolgen, die mit den Ernährungsgesetzen zu tun hatten. Dies war wichtig, weil wahre Gemeinschaft und Einheit zwischen den nun einmal entfremdeten Kulturen durch die gemeinsamen Mahlzeiten gepflegt werden konnten.

An diesem Punkt fallen viele sonst vorsichtige Kommentatoren in eine Falle. Sie nehmen an, dass die jüdische Führung von den Heiden verlangte, etwas Ähnlichem wie den berühmten „Noachidischen Gesetzen“ zu folgen. Dies ist ein Satz von Regeln, der von Rabbis für die Heiden entwickelt worden war, damit sie die befolgten können, um dann als gerecht zu gelten. Es trifft zu, dass die vier Anforderungen, die in Apostelgeschichte 15 aufgeschrieben sind, diesen Noachidischen Gesetzen sehr ähnlich sind. Jedoch sind wir aufgrund genau dieser Anforderungen anderer Meinung als die meisten Auslegungen.

Da die Rabbis von den Heiden verlangten, die Noachidischen Gesetze zu halten, meinen viele Lehrer, dass die jüdische Führung hier einfach das Gleiche tat – wenn auch auf einer begrenzten Basis. Das mag wahr sein. Es gibt jedoch eine zweite und wahrscheinlichere Erklärung: Die jüdischen Ältesten in Jerusalem taten alles was sie konnten, um Gnade, Geduld und Freundlichkeit gegenüber den Torah-unkundigen, gläubigen Heiden zu beweisen.

Die jüdischen Gläubigen waren mit der Torah aufgewachsen. Viele hatten bedeutsame Abschnitte daraus auswendig gelernt.

Es war ihr Leben, ihr Atem, ihre Freude und ihr Herzschlag (siehe Apostelgeschichte 21). Aber für die Heiden war die Torah ein fremdes Buch. Bevor ihnen Scha'ul und andere treue Nachfolger Jeschuas die Botschaft vom Messias brachten, waren ihr viele noch nie zuvor begegnet. Die Ältesten in Jerusalem wussten dies. Sie wussten auch, dass die einzig existierende Möglichkeit des Unterrichts für die Gläubigen – Juden oder Heiden – die Torah war. Jedoch konnten die Ältesten nicht verlangen, dass die gläubigen Heiden der Torah mit demselben Eifer wie sie selbst folgen sollten. Durch das Aufzeichnen der vier Torah-basierten Anweisungen für die Tischgemeinschaft aus Apostelgeschichte 15, 19 + 20 teilten die weisen und liebenden Ältesten den Heiden deshalb diese Botschaft mit: „Ihr seid uns in der Gemeinde des Messias gleichgestellt. Unsere Lehren sind auch eure Lehren. Aber es wird eine Weile dauern, bevor ihr das Heilige Buch, die Torah, verstehen könnt. Deshalb lernt fürs Erste einmal nur, was die Gemeinschaft zwischen euch und euren jüdischen Geschwistern erleichtert. Langsam, nach und nach, während die Zeit vergeht, werdet ihr dann mehr davon lernen, was es bedeutet mit Gott zu wandeln. Wir werden euch qualifizierte und ausgebildete Torahlehrer schicken."

Im Vers 21 finden wir eine Bestätigung dieser Auslegung. Nachdem die Ältesten die Anweisungen von Vers 19 + 20 geschrieben hatten, machten sie diese eher geheimnisvolle, Aussage zu den Heiden: „Denn Mose hat von langen Zeiten her in allen Städten solche, die ihn predigen, und wird alle Sabbattage in den Synagogen gelesen." Was bedeutet dieser Kommentar? Er scheint sehr wenig Sinn zu machen – *ausser* wir verstehen ihn als eine Ermutigung der Ältesten für die gläubigen Heiden, ihr Studium der Torah fortzusetzen. Und da Torahunterricht in den örtlichen Synagogen von fast jeder Stadt in der Diaspora möglich gewesen war, wäre dies also kein Problem für sie! In anderen Worten: Die jüdischen Ältesten sagten den gläubigen Heiden, dass sie in ihrem Verständnis der Torah wachsen können, wenn sie es wollen, indem sie die Synagoge besuchen.

Weil somit die meisten gläubigen Heiden in einer Synagoge anbeten würden, wusste die Führung in Jerusalem, dass diese neuen Gläubigen die Torah jede Woche hören würden. In ihrer Weisheit kannten sie auch diese Tatsache aus Jeschuas Lehren: „Meine Schafe hören Meine Stimme, und sie folgen Mir." Die Torah ist die Stimme Jeschuas und diese jungen Schäflein würden sie hören und folgen.

Apostelgeschichte 15 ist also weit davon entfernt, die Rolle der Torah im Leben der nicht-jüdischen Gläubigen herunterzuspielen, sondern sorgt für reichlich Ermutigung, damit sie der Torah in ihrer eigenen Geschwindigkeit folgen konnten.

Eingepfropfte Heiden

Wir haben gesehen, Abraham, der Vater unseres Glaubens, „hörte Gottes Stimme und hielt Gottes Torah". Wir sahen auch, dass die Torah selbst für die Heiden bereits vorgesorgt hatte, damit sie wussten, wie sie sich verhalten sollten. Als nächstes sahen wir Jesajas grossartige Prophetie für den Überrest von gläubigen Heiden betreffs ihrer Beziehung zur Torah und zum Bündnis Israels. Danach lernten wir, dass Jeschua Seine Nachfolger angewiesen hatte, den Heiden die Torah zu lehren. Auch die Ältesten der jungen Gemeinde in Jerusalem wussten, dass die bekehrten Heiden sie hören und befolgen würden.

Jetzt kommen wir zu einem der wichtigsten Abschnitte über die Beziehung zwischen Heiden und jüdischen Gläubigen in Jeschua. Wir beziehen uns auf Römer 11, 11 – 21. Damit dies alle richtige verstehen: Dieser Abschnitt spricht nicht über die Torah. Er lehrt jedoch, dass die Heiden eine bedeutsame Beziehung zu Israel haben. Dies ist nur eine Sache von Schlussfolgerungen. Da gläubige Heiden eng mit Israel verbunden sind, müssen sie auch eine enge Verbindung zur Torah haben – ganz genau wie es uns im 4. Mose 4 gezeigt wird.

Im Römer 11, 11 – 21 zeigt Scha'ul den gläubigen Heiden eine der aufregendsten Wahrheiten aus der Brit Chadascha. Anderswo hatte er die ungläubigen Heiden als „unbeschnitten, fremd den Testamenten der Verheissung, ohne Hoffnung, weit weg" (Epheser 2, 11 – 13), und als heidnische Götzendiener (1. Korinther 12, 2) beschrieben. Im Gegensatz dazu und auf Grund dessen, was Messias Jeschua für diese unzählige Menge von nicht-jüdischen Menschen getan hatte, wurden sie jetzt nahe gebracht und in Israel „eingepfropft".

Es gibt verschiedene Meinungen unter den Lehrkörpern darüber, in was die Heiden eingepfropft sind. Einige sagen, dass sie zusammen mit ihren jüdischen Gläubigen in Jeschua eingepfropft sind. Dies wird jedoch weder den Versen noch dem Zusammenhang nach gerecht. Wilson drückt es am besten mit diesen Worten aus: „Aber diese Ansicht verwechselt den Ausdruck ‚Wurzel Jesses' ... oder ‚Wurzel Davids' ... mit der ‚Wurzel des Ölbaumes'. Der Fluss des Zusammenhangs unterstützt die Schlussfolgerung, dass die Wurzel die Patriarchen Abraham, Isaak und Jakob darstellt, die treuen Vorväter der Juden." [15]

Dieser Abschnitt zeigt uns also, dass die gläubigen Heiden in Jeschua durch Einpfropfen eine bedeutsame Beziehung mit Israel haben. Erlauben wir Wilson noch einmal diese wunderbare Wahrheit für uns zusammenzufassen:

> Deshalb findet die Kirche, fest gründet auf hebräischem Boden, seine wahre Identität in der Verbindung mit Israel. Die Kirche wird durch diese Beziehung genährt, getragen und unterstützt. [16]

Was bedeutet es für die Heiden dann praktisch, in den Ölbaum Israels „eingepfropft" zu sein? Wie bereits anfangs in diesem Buch geschrieben wurde, bedeutet es nicht, dass gläubige Heiden jetzt zu Juden werden. Dies ist, wie gesagt, eine Sache der Abstammung. Sondern es ist vielmehr eine Erfüllung der Prophetie von Jesaja: Die Heiden können jetzt von den Bündnissen profitieren und daraus eine lebendige, aktive Beziehung zur Torah erhalten. Denken Sie daran, was im Epheser 2, 11 – 13 steht:

> „Darum denket daran, dass ihr, die ihr vormals nach dem Fleisch Heiden gewesen seid ... waret ohne Messias, ausgeschlossen vom Bürgerrecht in Israel und fremd den Testamenten der Verheissung; ... ihr seid jetzt nahe geworden durch das Blut des Messias."

Die gläubigen Heiden wurden weder in Frankreich eingepfropft, noch wurden sie in die Nähe von China oder Mexiko gebracht, sondern durch den Messias sind sie „nun nicht mehr Gäste und Fremdlinge, sondern Mitbürger der Heiligen und Gottes Hausgenossen..." Sie wurden ein Teil des Commonwealths der Kinder Israels.

Ein Erbe mit Israel

Damit es über die neue Beziehung zwischen gläubigen Heiden und den Bündniskindern Israels keinerlei Zweifel mehr gibt, lasst uns nun Hesekiel 47 ansehen. Der Prophet sieht hier seiner Zeit und sogar der unsrigen weit voraus. Er prophezeit über das kommende Messianische Zeitalter, wenn Jeschua auf dem Thron Davids in Jerusalem sitzen wird. Laut Hesekiel wird dies auch die Zeit sein, in der die endgültige Erbschaft des Landes unter dem Volk Israel verteilt werden wird.

Jedoch sehen wir in den Versen 21 – 23, dass es auch andere geben wird, die es wünschen unter dem Volk Israel zu leben. Dies sind die gläubigen Heiden. In dieser Zeit wird der Herr Israel über die Verteilung des Erbes mit folgenden Worten anleiten:

„Und ihr sollt dies Land austeilen unter die Stämme Israels, und wenn ihr das Los werft, um das Land unter euch zu teilen, so sollt ihr die Fremdlinge, die bei euch wohnen und Kinder unter euch zeugen, halten wie die Einheimischen unter den Kindern Israel; mit euch sollen sie ihren Erbbesitz erhalten unter den Stämmen Israels, und ihr sollt auch ihren Anteil am Lande geben, jedem bei dem Stamm, bei dem er wohnt," spricht Gott der Herr.

Sehen Sie, was Gott uns hier lehrt? Er gibt den Israeliten Anweisungen über ihre Beziehung mit denjenigen, die gekommen waren, um unter ihnen zu leben. Sie sind eingepfropft und sollen angesehen werden wie Einheimische, wie in Israel geborene, und mit allen Erbrechten ausgestattete. Unsere Studie zeigt somit: Wenn nicht-jüdische Gläubige auf eine Partie Land unter dem Volk Israel im Messianischen Königreich berechtigt sein können, dann darf es ihnen sicher auch erlaubt sein, die Segnungen der Torah unter dem Volk Israel schon jetzt zu geniessen!

Die Braut

In diesem Buch haben wir unter anderem gezeigt, dass die Torah als Ketuba – als das heilige Hochzeitsdokument – dient. Es beschreibt genaue Bedingungen für die göttliche Hochzeit zwischen Gott und Israel. Das heisst also: Israel ist die Braut Gottes. Diese Tatsache ist ziemlich ausreichend im restlichen Tanach bestätigt (siehe zum Beispiel die Prophetie von Hosea). Während wir nun die Brit Chadascha lesen, lernen wir aber trotzdem, dass auch die „Gemeinde" als Braut des Messias angesehen wird.

Was ist hier los? Hat Gott zwei Bräute? Ist Er ein Polygamist? Natürlich nicht! Oder ist es möglich, dass sich Gott von der einen Braut – Israel – geschieden hat, wie es manche vorgeschlagen haben, um eine andere – die Gemeinde/ die Kirche – zu heiraten?

Das kann auch nicht sein. Jeremia spricht darüber im Kapitel 31, 35 – 37. Er bestätigt hier Gottes ewiges Bündnis mit den physischen Nachkommen der Kinder Israels. Ebenso bestätigt Scha'ul von Tarsus in Römer 9 – 11 eine bleibende Existenz der physischen Nachkommen des Volkes Israel.

Die beste Lösung für dieses Problem ist es, daran festzuhalten, dass Gott immer schon nur eine Braut hatte: Sein auserwähltes Volk. Seine Braut war schon immer Israel – der Überrest Israels. Dieser Gedanke wurde von Anfang an so ausgedehnt, dass damit die in Israel eingepfropften gläubigen Heiden mit einbezogen werden konnten. Da Gott also eine Braut hat, bestimmt folglich dieselbe Ketuba, dieses heilige Hochzeitsfest: Die Torah.

Der Kreislauf der Anbetung

Zum Schluss müssen wir uns nun eine Frage stellen: Wo sind die angeordneten Anbetungszeiten geblieben, die Gott Seinem Volk gab? Wir können die Brit Chadascha lang und breit danach absuchen, ohne genaue Anbetungszeiten für Gottes Volk zu finden. Und trotzdem brauchen wir einfach nur den 3. Mose 23 zu öffnen und der ganze Anbetungskreislauf liegt vor uns. Dieser Kreislauf enthält sieben oder acht genau festgelegte Jahreszeiten, zu denen Gott Seine heilige Gemeinde zu kostbarer Anbetung vor dem Ewigen versammelt. Die meisten dieser speziell eingesetzten Festtage *(Mo'adim* auf hebräisch) sind Gelegenheiten von grosser Freude und Lob. Ein Tag – Jom Kippur – ist eine bedächtigere Angelegenheit. Kurz gesagt: Dies sind die Zeiten, an denen Israel gerufen war, sich daran zu erinnern, was Gott für sie als Nation getan hat – sowohl physisch wie auch geistlich. Der Kreislauf der Mo'adim war von Gott entworfen worden, um in jeder Generation jedes Jahr die Gute Nachricht des Messias und Sein Erlösungswerk in unserem Leben auszurufen (siehe auch Hebräer 4, 2). Darum sollte es uns nicht überraschen, dass uns der Herr befohlen hat, diese speziellen Tage einzuhalten „bei euren Nachkommen, überall wo ihr wohnt“ (3. Mose 23, 14 + 21).

Was ist nun aber mit den nicht-jüdischen Mitgliedern der Familie Gottes? Sollen sie vom Singen und Tanzen, um das vollbrachte Erlösungswerk in ihrem Leben zu feiern, ausgelassen werden? Soll es ihnen verwehrt werden, sich zu speziellen Mahlzeiten zu versammeln, das Schofar zu hören oder eine Woche lang in einer speziellen Sukka zu leben? Und trotzdem werden diese besonderen Zeiten der Anbetung in der Torah gelehrt und wurden von Jeschua und Seinen *Talmidim* (Jünger) gefeiert.

Die Geschichte der Erlösung und die Anbetung des Erlösers waren ganz klar beabsichtigt, um sie von allem Volk Gottes, durch alle Generationen hindurch, im Rahmen der Mo'adim zu feiern. Dies schliesst auch die gläubigen Heiden ein, da sie Teil derselben Erlösungsgeschichte sind. (Diejenigen, welche die Mo'adim nicht kennen, möchten wir auf Kapitel Drei verweisen: „Die Torah – ein Lebensstil“ – als Einführung in dieses Thema).

Zusammenfassung

Wir haben in diesem Abschnitt versucht, biblische Beweise zu sammeln um diese These zu stärken: dass nicht-jüdische Gläubige in Jeschua eine nachhaltige und bedeutsame Beziehung zur Torah des Mosche haben. Durch diese Beziehung weist Gott selbst Seine Kinder an, die volle Offenbarung Seiner Gnade in ihrem Leben von Herzen zu ergreifen: Die volle Offenbarung besteht aus der ganzen Heiligen Schrift – einschliesslich der Torah.

Das gläubige Israel war vom ersten Jahrhundert an ein gewaltiges Licht für die Nationen. Als Folge davon kamen viele aus verschiedenen Nationen zum Glauben und wurden in die heilige Gemeinschaft eingepfropft. Die heilige Gemeinschaft ist die Torah-Gemeinde. Möge die heilige Gemeinde der heutigen Generation auch ein Licht für die Nationen werden und viele zum

„Weg, der Wahrheit und dem Leben" bringen – zu Jeschua selbst! Nach unserem Verständnis zur Frage: Ist die Torah für mich? heisst unsere Antwort: Ja! Für Sie? – Sind sie eingepfropft? Dann ja! Die Torah ist für die heilige Gemeinde!

Kapitel Fünf

Weshalb der Torah gehorchen?

Weshalb der Torah gehorchen?

Dieses Kapitel kann als eine Art Fortsetzung von Kapitel Drei angesehen werden, welches sich mit den Zielen der Torah beschäftigt. Die treibende Kraft hier betrifft jedoch primär die Motivation zu gehorchen, mehr als ihr Zweck als solches. So gibt es mehrere Gründe, warum die Torah ausgelebt werden sollte. Wir haben sie hier nicht in einer Reihenfolge der Wichtigkeit aufgelistet. Sie werden alle als gleichberechtigt erachtet. Während wir sie nacheinander durchgehen, sollte sich ein vollständigeres Bild entfalten.

Weil Gott es uns sagt!

Ein Wort das häufig benützt wird, um vieles vom Torahinhalt zu beschreiben, ist das hebräische Wort *Mitzwa.* Dies bedeutet einfach „Gebot". Es ist etwas, das Gott uns befohlen hat, damit wir es tun. Erschrecken Sie nicht über diesen Begriff, als ob es nur etwas für den Tanach ist. Obwohl jüdische Gelehrte schnell dabei sind, uns zu sagen, dass es 613 Gebote der Torah gibt, haben neutestamentliche Gelehrte festgestellt, dass es über 1000 solcher „Gebote" in der Brit Chadascha gibt! Ein Gebot ist ein Gebot. Was ist denn schliesslich der Unterschied zwischen Schawuot feiern und die Ältesten wählen, die Ihrer Gemeinde vorstehen? Beides wurde uns geboten.

Die Torah ist das Zünglein an der Waage

Was bedeutet es, jüdisch zu sein? Wie in diesem Buch bereits festgestellt wurde, ist die Torah das einzig massgebende Dokument, welches diese Frage beantwortet. Viele jüdische Traditionen sind rein kulturell. Die Torah jedoch verlangt einen Lebensstil der Heiligkeit, welcher ebenso auch multikulturell ist. Ob von Marokko oder Brooklyn, die jüdischen Menschen sind durch gewisse Praktiken miteinander verbunden, wie die Beschneidung und das koschere Essen, das in der Torah gelehrt wird. Es ist also die Torah, die den Nachkommen Jakobs ihre Identität gibt. An Jeschua zu glauben, vervollständigt ihre Identität einfach.

Weil es das ist, was wir sind

Uns persönlich gefällt dieser Grund am besten, weil er alle Probleme zwischen den jüdischen und nicht-jüdischen Menschen löst. Wenn wir der Torah gehorchen, nur weil es uns so befohlen ist, kann sich das leicht in Gesetzlichkeit verwandeln. Lasst uns das also von einer ganz anderen Seite angehen. Lasst uns die Arena der Torah durch die Tür unserer Identität im Messias betreten und sehen, wohin uns das führt.

Die Heilige Schrift lehrt uns eine entscheidende Wahrheit: Gott machte uns zu ganz neuen Menschen, indem Er uns zum Glauben an den Messias brachte. Wir sind neue Kreaturen, mit dem lebendigen Messias in uns. Somit sind wir nun auch Empfänger und Teilhaber an der Brit Chadascha. Jeremia 31 lehrt uns, dass Gott verspricht, die Torah in unsere Herzen zu schreiben, wenn Er uns neu macht. Verkennen Sie die volle Tragweite dieser Aussage nicht. Die Torah ist in unsere Herzen geschrieben! Unter anderem bedeutet dies, dass die Torah die Basis unserer Wesensart als Gläubige in Jeschua ist. Die neue Kreatur als Mann oder Frau sollte deshalb nur das tun, was ganz natürlich aus ihm oder ihr herauskommt. In diesem Fall heisst es also, das auszuleben, was im geschriebenen Wort – im *ganzen Wort* – steht.

Der Spiegel

Warum gehorchen wir der Torah? Weil es zu uns als neue Kreatur ganz einfach dazu gehört. Wenn wir über die erlöste Person lesen, wie sie in den Weisungen der Torah beschrieben ist, lesen wir in Wirklichkeit eine Beschreibung dessen, was Gott aus uns im Messias gemacht hat. Lasst uns nun wieder zu dem Begriff des Spiegelbildes zurückkehren, der in Jakobus 1, 22 – 25 beschrieben ist. Hier lernen wir von der Wichtigkeit, ein Täter des Wortes zu sein, anstatt nur eines Hörers. Das Bild zeigt eine Person, die sich selbst im Spiegel betrachtet, und Vers 25 beschreibt den „Spiegel" als Torah. (Obwohl dieser in so gut wie jeder deutschen Übersetzung als „Gesetz" übersetzt wurde, ist es eigentlich die Torah). Derjenige, der das Wort nicht tut, ist wie jemand der sein Gesicht in der Torah anschaut, und danach sofort vergisst, wie er ausgesehen hat. In diesem Fall also ist er kein Täter des Wortes. Aber die Person, die sich selbst im Spiegel – der Torah – ansieht und nicht vergisst, wie sie ausgesehen hat, ist eine Täterin, bzw. ein Täter des Wortes. Wenn wir in den Spiegel der Torah sehen, ist unsere Spiegelung diejenige einer erlösten Person, so wie sie darin beschrieben wird. All die einzelnen Lehren beschreiben im Grund, wie ein Erlöster aussieht. Weil es Jeschua ist, der uns neu gemacht hat, der uns zur Gerechtigkeit Gottes gemacht hat (2. Korinther 5, 21), ist es allein unsere Entscheidung, auch das neue Leben zu leben – das gerechte Leben von Jeschua – das Leben nach der Torah.

Deshalb gehorchen wir der Torah nicht, als ob sie nur eine Liste von dem ist, was wir zu tun und zu lassen haben. Wir gehorchen ihr, weil sie in unsere Herzen geschrieben wurde. Es gehört einfach zu uns, weil wir neue Kreaturen sind. Es wird zu unserer eigenen Natur, weil Gott uns zu neuen Menschen gemacht hat! Wir können die ganze Ausdehnung des neuen Lebens im Messias gar nicht erfassen, die uns durch die Torah zur Verfügung steht, es sei denn, wir kennen unsere wirkliche geistliche Identität.

Weil es unser Messias auch tat

Möchten denn nicht alle Gläubigen tun, was der Herr tat, und sein wie Er war? Wir sind schnell dabei, Seine Liebe aus uns fliessen zu lassen, zu lernen, anzubeten wie Er anbetete und zu beten wie Er betete. Und das ist auch richtig so. Wie aber steht's mit Torahgehorsam – so wie Jeschua gehorsam war? Sein Leben war so sehr von der Torah charakterisiert, dass sogar die nachfolgende Generation von jüdischen Gläubigen auf Ihn als „Die Torah" verwies. Jeschua wird von Johannes im Kapitel 1 sogar als „Das Wort" beschrieben – als einen Hinweis auf die Torah.

Zu diesem Punkt gibt es noch einen weiteren Schlüssel, der dessen Wichtigkeit für uns aufdecken wird. Der Schlüssel ist folgender: daran zu denken, dass Jeschua in uns ist! Wir sind neue Kreaturen, mit der Lebendigen Torah in uns. Wenn wir darüber nachdenken, dann ist diese Wahrheit so umwerfend, dass wir gar nicht erst fragen sollten: „Sollen wir der Torah gehorchen?", sondern „Wie können wir diesen ‚Schatz in Lehmgefässen' kennen lernen?" (2. Korinther 4, 7)

Weil es den Ungläubigen etwas mitteilt

Dies ist unser letzter und emotionsvollster Punkt. Wir sprechen hier als jüdische Menschen zu anderen jüdischen Menschen, besonders den Gläubigen. Wir wenden uns aber auch an die nicht-jüdischen Gläubigen, die sich einer grossen theologischen Tragödie bewusst werden müssen, welche sich durch die letzten 1800 Jahre hindurch verewigte.

Die Anti-Torah-Theologie dominiert heutzutage nur allzu sehr die Gemeinde des Messias. Sie entstand ursprünglich im zweiten Jahrhundert aus eindeutig anti-jüdischen Vorlagen von einflussreichsten Gelehrten und Führern in der Gemeinde des Messias und wurde danach gelehrt und praktiziert. Weil auch heute viele Theologen der Gemeinden diese Anti-Torah-Lehre der Kirchenväter einfach schluckten, reflektieren natürlich die Folgerungen, die sie weiterhin lehren und veröffentlichen, die selben Vorurteile. Die Gläubigen unseres Zeitalters sind vielleicht nicht so anti-jüdisch wie es viele Kirchenväter waren. Trotzdem haben aber viele ihre anti-Torah und anti-jüdische Auslegungen der Brit Chadascha vererbt bekommen.

Heute denken viele weder selbst darüber nach noch praktizieren sie eine ehrliche Exegese der Brit Chadascha. Denn wenn sie es täten, dann würden sie nämlich zu dem Schluss kommen, dass die Brit Chadascha in Wirklichkeit sehr positiv zur Torah eingestellt ist und einen Lebensstil nach der Torah unterstützt. Auch wenn es keine leichte Sache ist, den Glauben zu ändern, der für über 1800 Jahre so herzhaft festgehalten wurde, muss er sich trotzdem einmal ändern – wenn aus sonst keinem anderen Grund, dann doch aus Ehrlichkeit zur Bibel.

Es gibt aber noch einen weiteren Grund. Wir müssen uns hier einige sehr ernste Fragen stellen: Was sagt die vorherrschende Anti-Torah-Theologie zur traditionellen jüdischen Welt? Wie sieht sie uns? Was versteht sie von unserem Denken? Ebenso: Ihr jüdischen Gläubigen: Welche Botschaft wird durch unsere Einstellung zur Torah in unserer Familie und unseren jüdischen Freunden gegenüber ausgedrückt?

Einfach gesagt: Wir verbreiten Verwirrung und Fehler gerade bei den Leuten, durch welche das Wort der Wahrheit ursprünglich kam. Auf der menschlichen Ebene (das heisst: abseits der auserwählten Gnade Gottes) gibt es infolgedessen sehr wenig Motivation innerhalb der traditionellen jüdischen Welt, die Gute Nachricht zu hören. Rabbi Benjamin Blech ist ein bekannter Lehrer an der angesehenen New Yorker Jeschiva Universität, einem bedeutenden Ausbildungsinstitut der orthodoxen jüdischen Welt. In seinem ausgezeichneten Textbuch über grundlegendes Judentum macht er diese sehr ergreifende Beurteilung über das Christentum, so wie er es sieht:

> Und so lehnte das Christentum das Gesetz ab und gab dem Bündnis vom Sinai eine neue Deutung. Dies ist der entscheidende Unterschied zwischen dem Alten Testament und dem Neuen. Laut Christentum wurde die Torah ganz sicher dem jüdischen Volk am Berg Sinai gegeben, aber seine Gesetze waren nicht mehr bindend. Wie könnte Gott Anweisungen gegeben haben, die Er selbst mit einer späteren Änderung versehen musste? [17]

Blech sagt, dass wir durch die Ablehnung der Torah die jüdischen Menschen betreffs Gottes Offenbarung in der Heiligen Schrift bestenfalls verwirrten. Schlimmstenfalls aber haben wir sie als Volksgruppe ganz abgeschrieben. So wie die Anti-Torah-Vorurteile der Kirche zur theologischen (und auch körperlichen) Judenverfolgung führte, hat die christliche Ablehnung der Torah letztlich zur jüdischen Ablehnung von Jeschua geführt. Kurz gesagt: Für unser Volk wurde die Gute Nachricht zu nichts anderem als zu trauriger und schlechter Nachricht.

Die Anti–Torah-Theologie der Kirche ist bezüglich dem jüdischen Volk ein tragischer Fehler. Dr. Stern erkennt dies und schreibt:

> Ich bin sicher, dass das Fehlen einer korrekten, klaren und relativ vollständigen Messianisch Jüdischen oder heidenchristlichen Theologie der Torah nicht nur das Haupthindernis des christlichen Verstehens ihres eigenen Glaubens ist, sondern auch das grösste Hindernis für den jüdischen Menschen, das

> Evangelium anzunehmen. Die meisten Christen haben eine viel zu vereinfachte Vorstellung darüber, was die Torah eigentlich ist. Und als zweites hat das Christentum den Juden über eines der drei wichtigsten Dinge ihres Glaubens fast gar nichts Wesentliches zu sagen. [18]

Hören wir zu?

Unser Ziel im Nacheilen der Torah ist erst dann erreicht, wenn jeder Leser zusammen mit David den Psalm 19, 8 – 12 singen kann. Viele Gläubige singen dieses Lied in Beziehung zum ganzen Wort Gottes. Das ist schon recht. Bedenken Sie jedoch, dass David hier über die Torah schrieb, als er diese Worte verfasste.

> „Die Torah des Herrn ist vollkommen und erquickt die Seele. Das Zeugnis des Herrn ist gewiss und macht die Unverständigen weise. Die Befehle des Herrn sind richtig und erfreuen das Herz. Die Gebote des Herrn sind lauter und erleuchten die Augen. Die Furcht des Herrn ist rein und bleibt ewiglich. Die Rechte des Herrn sind Wahrheit, allesamt gerecht. Sie sind köstlicher als Gold und viel feines Gold, sie sind süsser als Honig und Honigseim. Auch lässt Dein Knecht sich durch sie warnen; und wer sie hält, der hat grossen Lohn."

Kapitel Sechs

Falsche jüdische Auffassungen von der Torah

Falsche jüdische Auffassungen von der Torah

Vor einigen Jahren gab es im Fernsehen ein Ratespiel, das aus einem Moderator bestand, einer „Expertengruppe“ (bekannte Persönlichkeiten) und drei Kandidaten, wovon einer ein spezieller Gast war. Die anderen zwei hatten die Aufgabe, die Identität des Gastes anzunehmen. Das Rateteam befragte dann alle drei, um herauszufinden, wer von den Dreien die Wahrheit sagte. Als die Befragung beendet war, rief der Moderator jedes einzelne Ratemitglied auf sich zu entscheiden, welchem Kandidaten er jetzt glaubte. Anschliessend sagte der Gastgeber: „Würde der wahre Kandidat jetzt bitte aufstehen!“ Das Ratemitglied das zwischen dem wahren Kandidaten und dem Betrüger richtig entschieden hatte, freute sich dann und erhielt Applaus. Und am Ende wussten alle, wer der wahre Kandidat war.

Die abschliessenden Kapitel im Nachjagen nach der wahren Torah werden so ähnlich wie dieses Ratespiel sein. Wir werden uns auf einige Attrappen der Torah konzentrieren, die sich über die Jahrhunderte eingeschlichen haben – betrügerische „Torahs“, von denen schon manche versuchten als die wahre Torah dazustehen. In diesem Kapitel werden wir uns einen solchen Betrüger von der jüdischen Seite ansehen, und im nächsten Kapitel einen aus dem „christlichen“ Lager. Wir möchten, dass sich unsere Leser dann als „Expertenteam“ entscheiden, welches die wahre Torah ist.

Die doppelte Torah – eine Erklärung

Lasst uns mit dem jüdischen Begriff der „doppelten Torah" beginnen. Im Judentum gibt es zwei Torahs. Eine nennt sich die schriftliche Torah, *Torah sch' Bichtav* (תורה שׁבכתוב), und eine andere: die mündliche Überlieferung, auch mündliche Torah genannt, *Torah sch'be'al peh* (תורה שׁבעל פה). Beide sind wesentliche Begriffe im traditionellen Judentum, sowohl im alten wie auch im modernen. Es ist jedoch wichtig zu beachten, dass der Begriff der doppelten Torah nicht vom Plural des Wortes für „Torah" abgeleitet wurde. Denken Sie daran, dass „Torah" die „Lehre" bedeutet. Diese Tatsache wird uns verstehen helfen, wenn es im Hebräischen im Plural benützt wird und sich das Wort „Torah" einfach auf einen Abschnitt bezieht, der mehrere Anweisungen über ein bestimmtes Thema enthält, nicht aber den doppelten Torah-Begriff im Sinne von zwei verschiedenen Torahs meint.

Mosche ist Grundlage

Im Leben eines religiösen Juden hat die Torah höchste Priorität. Obwohl das hebräische Wort Torah einfach „Lehre" bedeutet, kann es doch vieles in den Lehrbüchern bedeuten; wie zum Beispiel den ganzen Tanach und die rabbinischen Schriften. Wir benützen den Begriff hier wie er meistens verstanden wird: als die ersten 5 Bücher der Heiligen Schrift – vom 1. Buch Mose bis zum 5. Buch Mose. Harvey Lutzke unterstreicht die Wichtigkeit der Torah für jüdische Menschen, indem er schreibt:

> Die Torah ist einfach das Rückgrad der jüdischen Menschen. Es ist die Quelle, die Wurzel, die Basis für alles jüdische Leben; und es ist die ganze Basis des Judentums. Die Torah ist ohne Vergleich. Aus der Torah kamen alle nachfolgenden jüdischen Arbeiten. [19]

Die schriftliche Torah ist nicht nur grundlegend für das Judentum. Es ist auch das grundlegende Dokument für alle, die der Brit Chadascha nachfolgen. Wir können einfach das Eine nicht ohne das Andere haben. Die Brit Chadascha ist auf den Lehren der Torah aufgebaut.

„Wir müssen mehr wissen"

Nachdem wir nun diesen Grundsatz des Judentums erarbeitet haben, begegnen wir sofort einem Problem – oder zumindest *scheint* es ein Problem zu sein. Die schriftliche Torah ist so einfach aufgebaut, dass es den Anschein erweckt, der Leser benötige mehr Information, um die Gebote, so wie sie gedacht waren, richtig befolgen zu können. Zum Beispiel wird Israel im 3. Mose befohlen, Tiere als Sündopfer zu opfern. Es wurde den Opfernden jedoch nicht gesagt, wie sie dies ausführen sollten. Wie soll das Tier gehalten werden? Wo sollte man den Schnitt anbringen? Welche Worte – wenn überhaupt – sollte man vor dem Schlachten sagen? Diese und viele andere Einzelheiten fehlen in der schriftlichen Torah.

Diese offensichtlichen Lücken wurden – gemäss der Weisen – von der mündlichen Überlieferung gefüllt. Laut unkompliziertester Begriffsbestimmung ist diese mündliche Torah das, was Gott zu Mosche auf dem Berg Sinai sagte und was Mosche danach an Israel weitersagte. Der Mischna zufolge „übergab sie Mosche vor seinem Tod an Jehoschua, Jehoschua den Ältesten, die Ältesten den Propheten, und die Propheten übergaben sie den Männern der grossen Synode." Dieses Zitat ist aus der Mischna, Abschnitt Pirke Avot 1,1 und wird als Einleitung zu allen Pirke Avot (eine der meist gelesenen) Abschnitten zugezogen. Laut R. Pinchas Kehati, einem modernen Mischna Gelehrten in Jerusalem, ist es

> Das Ziel dieser einleitenden Aussage, uns zu lehren, dass jedes zitierte Wort in diesem Abschnitt –

> wie auch in Wirklichkeit der ganzen mündlichen Torah – in ihrer systematischen Form von den Propheten bis Mosche Rabbenu, dem Vater aller Propheten, zurückverfolgt werden kann, der die ganze Torah – ihre Gesetze, Vorschriften mit Einzelheiten und Auslegungen – vom Allmächtigen selbst empfing. [20]

Auch die Erklärungen?

Bis zu Kehatis Kommentar war sowohl der Bedarf wie auch die Idee der mündlichen Torah recht einfach zu verstehen gewesen. Es ist durchaus denkbar, dass Gott mehr zu Mosche sagte, als das was er aufschrieb. Es ist ebenso denkbar, dass Mosche an Josua und so weiter viele mündlichen Anweisungen weitergab. Aber Kehati spricht von mehr als nur erklärenden oder zusätzlichen Anweisungen von Gott. Er sagte, dass Mosche zusammen mit der schriftlichen Torah auch „Gesetze, Vorschriften mit Einzelheiten und Auslegungen vom Allmächtigen selbst" empfing. Das heisst unter anderem, dass Mosche mit der mündlichen Überlieferung auch die richtige Auslegung für jeden Abschnitt gegeben wurde.

Kehati war nicht der Erste mit solchen Vorstellungen. Sie waren in der Tat schon seit langer Zeit vorhanden. Jedoch kommt eine der deutlichsten Klarstellungen von Rambam (Rabbi Mosche ben Maimon), dem grossen sefardischen Weisen des zwölften Jahrhunderts. In der Einleitung eines seiner grössten Werke, dem Mischne Torah, schrieb Rambam:

> Alle Gebote (Mitzwot), die Mosche auf dem Berg Sinai empfing, wurden ihm mit ihrer Bedeutung gegeben, wie es geschrieben steht: „Und ich gebe dir die Steintafeln und die Torah und die Mitzwa." Die „Torah" ist das geschriebene Gesetz und die „Mitzwa" ist das mündliche Gesetz. Vor seinem Tod

> schrieb Mosche die ganze Torah nieder. Er gab jedem Stamm ein Buch und eines wurde in die Bundeslade für alle Zeiten getan… Er schrieb die „Mitzwa", welches die Erklärung zur Torah ist, nicht auf, sondern lehrte sie den Ältesten und Josua und ganz Israel. [21]

So wird also klar, dass die mündliche Torah viel mehr ist als nur ein paar zusätzliche Lehren, die mündlich von Gott an Mosche weitergegeben wurden und danach an die grossen Weisen. Zusätzlich zu diesen mündlichen Lehren, so wird behauptet, gab Gott Mosche das Verstehen und die richtige Auslegung der ganzen Torah. Auch dieses wurde mündlich weitergegeben.

Die Gewässer werden sehr schlammig

Es gibt noch einen dritten Teil im Gesamtbegriff der mündlichen Überlieferung. Die Lehren der mündlichen Torah waren für Mosches Generation grossartig. Was ist aber mit den speziellen Bedürfnissen der nachfolgenden Generationen? Die Rabbis beantworten diese Frage damit, dass die schriftliche Torah jeder Generation die Ermächtigung gibt, sich selbst bindende Entscheidungen aufzulegen. Die dazu zitierten Verse, die diese Auffassung unterstützen, sind vom 5. Mose 17, 8 – 13. Hier, so behaupten die Rabbis, gewährt die schriftliche Torah den Weisen jeder Generation die Befugnis, massgebende und bindende halachische Entscheidungen zu treffen. Diese Entscheidungen werden dann ebenso als mündliche Torah erachtet.

Rabbi Simcha Cohen verdeutlicht diesen Begriff, indem er schreibt: „Da unser Gesetz lebendig ist, bindend für einen Juden, in welcher Gesellschaft er auch lebt, muss das Gesetz klar aus der Sicht der sich verändernden Zivilisation und verschiedenen Gesellschaften verstanden werden." [22] Cohen erklärt dieses Gedankengut weiter durch ein Zitat von Rambam, der entschieden hatte, die mündliche Überlieferung für *seine* Generation „auf den neuesten Stand“ zu bringen.

Rambam macht deutlich, dass er alle wichtigen und verfügbaren Schriften – beide Talmude, die Midraschim, die Tosefta und andere – studiert hat, damit er „lernt was verboten und was erlaubt ist, sowie die anderen Gesetze der Torah“ [23]. Auf Grund dessen stellte Rambam seine eigene mündliche Torah zusammen, „damit es ein vollständiges mündliches Gesetz gibt, für jeden genügend umfassend, und ohne Notwendigkeit von Fragen zur weiteren Untersuchung.“ [24]

Nach Rambam vervollständigte R. Joseph Caro seine Neufassung im sechzehnten Jahrhundert in der Form des Schulchan Aruch. Daraus folgend handelten nach ihm kommende genauso, wie zum Beispiel Chafetz Chaim im zwanzigsten Jahrhundert mit seiner *Mischna Brura*.

Fest und flüssig

So besteht die mündliche Torah also eigentlich aus drei verschiedenen Teilen. Sie wurde dann schlussendlich von R. Jehuda haNasi (Rabbi Juda der Prinz, oder „der Rabbi“ im Talmud) in Form der Mischna um ungefähr 200 uZ aufgeschrieben. Er erkannte das Bedürfnis, die mündliche Torah zu einer Art Standard für die verschiedenen und zerstreuten jüdischen Gemeinden zu machen. Deshalb ist die mündliche Überlieferung einerseits auch eine feste Existenz. Weil sie jedoch gedacht war, den Bedürfnissen jeder Generation zu begegnen, ist sie ebenso eine flüssige Existenz. Aus diesem Grund behauptet Rabbi Cohen, dass Rabbi Jehudas Mischna „nur für seine Generation angemessen war.“ [25] Folgedessen erzeugte die nächste Generation von Weisen, auch die *Amoraim* genannt, die Gemara. Dieser Kommentar von der Mischna wurde mit ihr kombiniert, um den Talmud zu bilden. Der Talmud ist demzufolge die massgebendste Sammlung der mündlichen Überlieferung.

Wenn wir sagen, dass die mündliche Torah flüssig ist, wollen wir damit ausdrücken, dass sie jede Generation studieren, kennen und dann diese mündliche Überlieferung der vorherigen Generation benützen muss, um ihre eigene halachische Linie zu formulieren. Eine neue mündliche Torah durfte nie einer älteren widersprechen. Was für die Mischna-Generation bindend war, ist auch für uns heute bindend.

Bedenken Sie, dass dies nur eine kurze Erklärung eines sehr komplexen Begriffs ist. Lasst uns nun sehen, ob diese mündliche Torah die *wahre* Torah ist oder ob es sich um einen Betrüger handelt.

Eine Analyse

Was sollen wir nun mit dem Begriff der mündlichen Überlieferung machen? Lasst uns zuerst sagen, dass ein Teil dieses Konzeptes Sinn zu machen scheint. Wie wir erwähnten, hat Mosche Israel vielleicht wirklich mehr gelehrt als er niederschrieb. Eine Frage, die jedoch dazu gestellt werden könnte ist, wie korrekt diese Informationen mündlich über hunderte von Jahren weitergegeben wurden. Ferner: Lehrt uns die schriftliche Torah wirklich, dass eine solche mündliche Torah existierte, wie die Rabbis beharrlich behaupten? Und schliesslich: Wieviel Vollmacht sollten wir diesem Text – der mündlichen Überlieferung – geben?

Die Torah selbst weist auf keine göttlich inspirierte mündliche Tradition hin. Ein Beispiel dazu ist Gottes Anweisung im 5. Mose 17, 14 – 20. Die Verse zeigen, wie sich ein amtierender König benehmen soll. Gott sagte ihm ganz speziell, dass er eine Kopie der Torah für sich selbst machen solle. Beachten Sie, dass der König nicht angewiesen wurde, eine Kopie der mündlichen Torah zu machen und seine Geschäfte danach zu führen, sondern das geschriebene Wort sollte seine Herrschaft und sein Mandat leiten. Ja sicher, der König mag sich auch auf traditionelle mündliche Anweisungen verlassen haben; wenn diese jedoch göttlich inspiriert wären, würde man erwarten, dass Gott ihm gesagt hätte, er solle sein Leben als König danach richten. Gott gab jedoch keine solche Anweisung. Der einzig zuverlässige Leitfaden für die Könige von Israel war die schriftliche Torah.

Die Torah, die Hilkia fand und welcher Josia gehorchte, war nicht die sogenannte mündliche Torah, sondern vielmehr war es das geschriebene Wort Gottes, welches eine tiefe geistliche Veränderung der Menschen verursachte. Das soll jetzt nicht heissen, dass alle menschen-gemachte Traditionen schlecht sind. Zwei Dinge sind jedoch sicher. Erstens, auch wenn es so etwas wie eine *zuverlässige* mündliche Tradition zu den Tagen Josias gegeben hatte, so gibt es von ihr jedoch keine Anzeichen in der Heiligen Schrift. Zweitens war es die schriftliche Torah, die Gott benützte, um geistliche Reformen unter Seinem Volk zu bewirken – und nicht ein Textteil von mündlichen Gesetzen.

Der Ewige war sorgfältig genug, um sicherzustellen, dass alle nötigen und bindenden Offenbarungen aufgeschrieben wurden und präzise erhalten blieben. Wenn die sogenannte mündliche Torah genauso bindend wäre, würde es doch nur selbstverständlich und angebracht scheinen, wenn auch sie von Mosche aufgeschrieben worden wären. Jedoch deuten alle biblischen Anzeichen, besonders bei den Propheten und in den anderen Schriften des Tanach, diesem stark entgegen.

Den Rambam herausfordern

Auf den vorherigen Seiten zitierten wir Rambams Begründung für die mündliche Überlieferung. Er unterscheidet zwischen Torah und Mitzwot und sagt, dass sich „die Torah" auf die schriftliche Torah bezieht, während die mündliche Überlieferung aus den Mitzwot besteht.

Diese Erklärung scheint oberflächlich völlig logisch. Jedoch stellt die Heilige Schrift eine ernsthafte Herausforderung betreffs ihrer Richtigkeit auf. Denken Sie an den Abschnitt, in dem Josua das Volk Israel an dem Fest der Bündniserneuerung auf den Berg Gerizim und Berg Ebal anleitete. Als das Fest vorbei war, „liess er ausrufen alle Worte der Torah, den Segen und den Fluch, ganz wie es geschrieben steht in der Torah." Die Person, die dieses Ereignis aufschrieb – vermeintlich Josua – gibt seinen eigenen Kommentar von dem Ereignis im Vers 35 ab: „Es war kein Wort, das Mosche geboten hatte, das Josua nicht hätte ausrufen lassen vor der ganzen Gemeinde Israel." (Josua 8, 31 – 35)

Vers 35 erbringt uns hier zwei Informationsteile, die für unsere Analyse der mündlichen Torah sehr wertvoll sind. Erstens sagt es, dass alles was Mosche befahl, aufgeschrieben und dann gelesen wurde. Zweitens beinhaltet dies die Mitzwot! (Der Ausdruck „Mitzwot" erscheint viele Male in der schriftlichen Torah). Das hebräische Wort für „befahl" kommt vom Wort *tzave* (צוה), die Bezeichnung von dem, wir das Wort „Mitzwot" bekommen. Was Josua sagte, war, dass alles was Mosche geredet hatte, aufgeschrieben und gelesen wurde – einschliesslich den Mitzwot!

Lasst uns nun mit dem letzten Abschnitt im Buch Josua fortfahren. Diesmal werden wir Kapitel 23, 6 – 8 untersuchen. Hier ermutigt der Herr selbst den Josua, Ihm und Seinem Wort zu gehorchen. So schreibt Josua hier:

> „So haltet nun ganz fest daran, dass ihr alles tut, was geschrieben steht im Buch der Torah des Mosche, und nicht davon weicht, weder zur Rechten, noch zur Linken, damit ihr euch nicht mengt unter diese Völker, die noch übrig sind bei euch, und nicht anruft und schwört bei dem Namen ihrer Götter noch ihnen dient, noch sie anbetet, sondern dem Herrn, eurem Gott anhangt, wie ihr bis auf diesen Tag getan habt."

Wenn also eine mündliche Torah existierte, warum befahl der Herr Josua dann nicht, sich ebenso daran zu halten, wie auch „tut alles, was geschrieben steht im Buch der Torah des Mosche"?

Könnte es sein, dass Gott Mosche wirklich Anweisungen gab, die Mosche nicht aufschrieb, von denen Er aber auch gar *nicht beabsichtigt* hatte, dass sie von Generation zu Generation weitergegeben werden sollten? Wir würden meinen, dass genau dies geschah. Jede Generation sollte unter der Leitung des Geistes Gottes der schriftlichen Torah gehorchen, und nicht einer fest etablierten Auslegung, die mündliche Torah oder mündliche Überlieferung genannt wird.

Gerechtfertigte Auslegungen?

Die Weisen behaupten auch, dass die mündliche Torah uns hilft, die schriftliche Torah zu verstehen, indem sie für zuverlässige Auslegungen der schriftlichen Torah sorgt. Rabbi Cohen gibt uns ein anschauliches Beispiel dazu. Er erzählt die Geschichte von Rabbi Jochanan ben Zakkai und seinem geheimen Entkommen aus Jerusalem während der römischen Belagerung, die Vespasian anführte. Rabbi ben Zakkai sah sozusagen den Finger an der Wand: den Fall Jerusalems. Er beabsichtigte mitzuhelfen alles zu tun, um das Judentum zu erhalten. Auf Grund von Vorschriften von den Zeloten war es den Juden jedoch nicht erlaubt, die Stadt zu verlassen, es sei denn sie beerdigten jemanden. Genau dies wurde dann sein Fluchtweg: seine Anhänger trugen ihn in einem Sarg hinaus!

Als er dann die römische Grenzlinie erreichte, fand der Rabbi einen Weg, den General so zu überzeugen, dass dieser ihn durchliess: Er sprach eine Prophetie über Vespasians unmittelbarer Zukunft aus. Innert Kürze, so sagte er, würde Vespasian der neue Herrscher werden. (Während ben Zakkai immer noch von den Römern festgehalten wurde, kam dies dann auch wirklich zu Stande). Er hatte die Worte jedoch in einer sehr geheimnisvollen Art ausgesprochen. Ben Zakkai sagte zu ihm: „Du wirst König werden; denn wenn nicht, dann wird Dir auch Jerusalem nicht gehören – so wie es geschrieben steht: ‚Und der Libanon wird fallen durch einen Mächtigen' [Jesaja 10, 34] – und es gibt keinen Mächtigen ausser dem König."

Ben Zakkai zitierte Jesaja 10, 34 und verband den „Libanon" mit Jerusalem und dem Tempelberg. Durch diese Verbindung offenbarte er seine sinnbildliche Methode der Torahdeutung, indem er eine bereits bestehende Auslegung von 5. Mose 3, 25, die in der mündlichen Überlieferung zu finden ist, benutzte. Das Anwenden der mündlichen Torah als Auslegung für die Schriftliche offenbart, „wie die Weisen die schriftliche mit Hilfe der mündlichen Tradition durchdrangen." [26] Dieses Beispiel verdeutlicht uns das Verhältnis der mündlichen Torah zur schriftlichen. Der Schlüsselsatz in diesem Beispiel ist die letzte Aussage von Rabbi Cohen: *„Rabbi Jochanans Worte offenbaren, wie die Weisen die schriftliche mit Hilfe der mündlichen Tradition durchdrangen."*

Aber hilft uns die mündliche Überlieferung wirklich, das geschriebene Wort konsequent und korrekt zu durchdringen? Lasst uns 5. Mose 3, 25 genauer ansehen: Gibt uns der Zusammenhang auf irgendeine Weise eine hermeneutische Erlaubnis, das Wort „Libanon" anders als die wörtliche, geographische Position nördlich des Landes Israel zu verstehen? Durch wessen Autorität machen die Alten Weisen solche wunderliche Auslegungen von der Heiligen Schrift, und nennen es dann mündliche Torah?

Sobald ein Weiser einen Abschnitt in der Heiligen Schrift auslegte, und dem dann eine Reihe von Voraussetzungen folgten, wurde dieser als massgeblich und deshalb als Teil der mündlichen Überlieferung angesehen. – Ob es in den Zusammenhang oder der direkten Bedeutung der Worte passte oder nicht! Wie wir bereits von Rabbi Cohen gelernt haben, leiten sowohl die frühen wie auch die modernen Rabbis Bräuche und Voraussetzungen von Torah-Abschnitten ab, die keinerlei direkte Beziehung zum Diskussionsthema haben. Ist dies eine ehrliche und gerechte Art, mit Gottes kostbaren Worten umzugehen?

Jeschua forderte genau solche Fehlinterpretationen der schriftlichen Torah im Matthäus Evangelium 5 – 7 heraus. Hier hat Jeschua einige Torahprobleme erörtert. Immer wieder stellte Er die mündliche Überlieferung Seiner Zeit in Frage und erklärte die ursprüngliche, Gott-gewollte Bedeutung dieser Abschnitte. Wir sehen jedesmal die Redewendung: „Ihr habt gehört, dass gesagt ist… Ich aber sage euch." Jeschua stösst jene Auslegungen der Torah vom Podest, die auf der sogenannten mündlichen Torah basieren.

Jeschua und die mündliche Torah – Das Zeitalter des Zweiten Tempels

Nach Pirke Avot 1, 1 wurde die mündliche Überlieferung den Generationen nach Mosche übergeben, einschliesslich jenen aus der Zeit der zweiten Tempelperiode. Avot enthält wirklich viele Zitate von klar unverkennbaren Weisen, die während dieser Zeitspanne lebten. Dies war natürlich das Zeitalter, in dem Jeschua lebte und lehrte. „Jesus lebte in einer jüdischen Welt", schreibt Dr. David Flusser, Professor a.D. der Jerusalemer Hebrew University, „die im Rahmen des schriftlichen (der Bibel) und des mündlichen Gesetzes (das später zum Talmud wurde) aufblühte." [27]

Flusser behauptet, dass sich Jeschua mitten im damaligen Welt- und Religionskonflikt befand. Nach wachsender übereinstimmender Meinung moderner Gelehrter der Brit Chadascha, lebte Jeschua als Torah-getreuer, jüdischer Mann, der mit vielen hervorragenden Rabbis Seiner Zeit über Angelegenheiten diskutierte, die sich sowohl auf die schriftliche wie auch auf die mündliche Torah bezogen. „Jesus hielt die jüdischen Gebote bedingungslos ein". sagt Flusser. Die Frage ist: Wie war Seine Beziehung zur mündlichen Torah?

Nicht von göttlicher Autorität

Man könnte mindestens zwei Dinge über den Messias und die mündliche Torah sagen. Erstens kannte Er sie nicht nur, sondern in gewisser Hinsicht befolgte Er sie auch. Zur Zeit Jeschuas gab es zwei Schulenarten der Pharisäer: die Schule von Schammai und die Schule von Hillel. Sie repräsentierten zwei ganz verschiedene Richtungen der mündlichen Überlieferung. (Schammai und Hillel waren sehr einflussreiche Rabbis einer Generation vor Jeschua.) Flusser schreibt:

> Wenn wir Jeschuas Haltung hinsichtlich des jüdischen Gesetzes untersuchen, scheint es, als ob er in einigen Punkten die Ansichten der strikteren Autoritäten – der Schule Schammais – akzeptierte. Hingegen war er speziell in punkto Weltanschauung der Schule Hillels näher, deren Motto es war „Du sollst deinen Nächsten lieben wie dich selbst.“ Wenn wir die Lehren von Jesus untersuchen und mit anderen rabbinischen Lehren aus seiner Zeit vergleichen, wird diese Anschauung offensichtlich. [28]

Anscheinend war Jeschua mit einigen Auslegungen der schriftlichen Torah durch die mündliche einverstanden. Jedoch ist das Befürworten von einigen Lehren aus der mündlichen Torah etwas ganz anderes als deren Akzeptanz eines *göttlichen Ursprungs.* Ebenso wenig bedeutet es, dass Er ihre Autorität akzeptierte oder mit ihrer Autorität einverstanden war.

Steht das Gesetz der Menschen über der Torah Gottes?

Lasst uns nun ein Beispiel ansehen, in dem wir einige Anhaltspunkte über Jeschuas Haltung zur mündlichen Überlieferung bekommen. In Markus 7, 1 – 8 diskutiert Jeschua mit einigen anderen Pharisäern über das Thema des rituellen Händewaschens vor dem Essen. Weil Jeschuas Jünger dieser Gruppe von Pharisäern nicht gehorchten, machten sie Ihm Vorhaltungen darüber. Vers 3 erklärt uns die Tradition der Pharisäer: „Denn die Pharisäer und alle Juden essen nicht, sie waschen denn die Hände mit einer Handvoll Wasser und halten so die Satzungen der Ältesten…"

Der letzte Ausspruch „halten so die Satzungen der Ältesten" wurde gewöhnlich benutzt, um auf die mündliche Überlieferung hinzuweisen. Jeschua wurde zurechtgewiesen, weil Er sich der Autorität der mündlichen Torah – so wie sie von dieser Gruppe von Pharisäern eingehalten wurde – nicht unterwarf. Jeschua formulierte dann Seine Begründung und beabsichtigte Lehre, und äusserte danach diese entscheidenden Worte in den Versen 6 – 8:

> „Gar fein hat von euch Heuchlern Jesaja geweissagt, wie geschrieben steht: „Dies Volk ehrt mich mit den Lippen; aber ihr Herz ist ferne von mir. Vergeblich dienen sie mir, weil sie lehren solche Lehren, die nichts als Menschengebote sind. Ihr verlasset Gottes Gebot und haltet der Menschen Satzungen."

Dies wurde als Tadel gegen diejenigen ausgesprochen, die Ihn dafür kritisiert hatten, die mündliche Überlieferung gebrochen zu haben. Es zielt genau auf das Innerste des Themas der geschriebenen Torah versus der mündlichen Torah. Er sagt ihnen hier, wie auch zu anderen Gelegenheiten: *„Ihr verlasset Gottes Gebot und haltet der Menschen Satzungen."* Jeschua sah keine Probleme mit den Lehren der mündlichen Torah, solange sie für Einsicht und Erklärungen sorgten, die wahr und korrekt gegenüber der schriftlichen Torah waren. Es gab jedoch Zeiten, in denen die mündliche Torah der geschriebenen gleichwertig – oder sogar höher gestellt wurde.[29] Wenn solches geschah, nannte Jeschua die mündliche Torah einfach Lehren von Menschen, aber nicht von Gott! Durch den Ausspruch eines solchen Tadels sagte er auch, dass Er die mündliche Torah nicht als autoritär für einen Menschen Gottes – einen Menschen der Torah – betrachtete.

Die Relevanz der mündlichen Torah

Wir anerkennen weder die mündliche Torah als Autorität in der jüdischen Literatur noch sehen wir sie als ein inspiriertes Wort Gottes. Es kann jedoch von sehr grossem Wert sein, die rabbinische Literatur zu lesen und zu studieren. Ja, sogar Jeschua folgte einigen rabbinischen Traditionen.

Dr. David Friedman ist ein Messianisch Jüdischer Gelehrter der in Israel lebt. Als Experte für die Zeit des Zweiten Tempels weist Dr. Friedman darauf hin, dass die frühere rabbinische Literatur, wie Mischna und Talmud, unschätzbar wertvoll sein kann, um uns den geschichtlichen und religiösen Hintergrund der Brit Chadascha verstehen zu helfen. Friedman schreibt:

> Wie der jüdische Talmud-Gelehrte Schmuel Safrai der Hebrew University aufzeigte, ist die rabbinische Literatur, und speziell der Talmud, bei weitem unsere beste Quelle, um die Struktur, das Priesteramt, die Opfermethoden und Festlichkeiten zur Zeit des Zweiten Tempels zu verstehen. Da Jeschua in dieser Welt lebte, da Er im Tempel lehrte, und da Er dort opferte und an den dortigen Festlichkeiten teilnahm, ist es allemal wert, mit den Talmud-Erklärungen in diesen Gebieten bewandt zu sein. [30]

Rabbinischer Text	Mögliche Hintergrundsabsicht
Mischna Sanhedrin	Rechtsprechung und Gerichtsstand zur Zeit des Zweiten Tempels
Mischna Jadayim	Pharisäische Reinheitsideen zur Zeit des Zweiten Tempels
Mischna Sukkot	Pharisäische Gesetze und Gebräuche
Mischna Joma	Jom Kippur-Rituale zur Zeit des Zweiten Tempels
Schriftrollen vom Toten Meer	Verstehen der Ansichten der Sekte vom Toten Meer, über Reinheit, Gott zu dienen, Messias und Gemeinschaft
Pirke Avot	Rabbinische Weltanschauung zur Zeit Jeschuas
Buch der Makkabäer	Geschichte Israels 150–100 Jahre vor Jeschua, Beginn des Chanukka Festes
Midot	Tempelbau
Tamid	Tägliche Rituale zur Zeit des Zweiten Tempels
Schekalim	Steuersystem zur Zeit des Zweiten Tempels

31

Die mündliche Torah kann uns helfen, die Brit Chadascha besser zu verstehen. Zusätzlich kann sie dazu dienen, die Arbeit der jüdischen Menschen seitens der Kirche mehr zu würdigen, die sich durch die Geschichte hindurch sehr bemühten, die Heilige Schrift zu schützen, zu bewahren, zu verbreiten und auszulegen. Während wir vielleicht mit einigen rabbinischen Auslegungen unterschiedlicher Meinung sein mögen, gibt es trotzdem andere Gebiete, in welchen die mündliche Überlieferung mit ihren Einblicken in die Torah und anderer Teile im Tanach äusserst hilfreich gewesen ist.

Ausserdem sind die rabbinischen Schriften extrem hilfreich, indem sie uns zeigen, wie man viele Gebote der Torah gehorsam ausführen kann. Zum Beispiel: Wie befestigt man eine Mesusa an der Türe? Wie soll man Pessach feiern? Wie schlachtet man ein koscheres Tier korrekt, um es dann essen zu dürfen? Die mündliche Torah versorgt uns mit vielen exzellenten Ratschlägen, damit wir diese oder jene Lehre der schriftlichen Torah befolgen können. Auch wenn wir die Anweisungen der Rabbis nicht immer als den einzigen Weg sehen, um diese Dinge auszuführen, können sie sich trotzdem als sehr nützlich erweisen. Zugleich stehen wir in Solidarität mit unserem Volk, während wir den rabbinischen Praktiken folgen – solange sie dem Tanach oder der Brit Chadascha nicht widersprechen.

Und schliesslich verleiht uns das Lesen und Studieren der mündlichen Überlieferung eine gewaltige Einsicht in die Gedankenwelt der grossen jüdischen Weisen. Während wir lernen, was sie dachten, was sie fühlten und wie sie das Leben sahen, werden wir in der Lage sein, dieses jüdische Feingefühl, durch all die Zeiten hindurch, mehr zu schätzen. Wir wollen hoffen, dass dies helfen wird, den Antisemitismus einzuschränken, der durch so vieles in der Kirchengeschichte angestiegen ist.

So, und nun ist für Sie, als unser „Mitglied des Rateteams" die Zeit gekommen, Ihre Meinung zu äussern. Ist die mündliche Torah eine wirklich echte Torah, vom Ewigen gleichgestellt der schriftlichen Torah, mit all ihrer Macht, um eine Seele zu verändern, und auch gleichwertig in ihrer geistlichen Autorität? Gibt uns die schriftliche Torah die Erlaubnis zur Annahme, dass Mosche auch die mündliche Torah von Gott übergeben wurde, die gleichwohl für jede Generation Gültigkeit hat? Oder sollten wir von der Leitung und der Lehre des Geistes Gottes abhängig sein, um so die Vorschriften der Torah in unserer Generation anzuwenden?

Geistliche Autorität

Hier geht es unter anderem um die geistliche Autorität. Sollen wir Gottes Lehren gehorchen wie sie geschrieben sind, oder wird von uns verlangt, dem riesigen Berg von feinsten Details zu gehorchen, wie ihn die Rabbis in der mündlichen Überlieferung dargestellt haben?

Einige glauben, dass die mündliche Torah ein festes Etwas ist. Sie sagen, dass wir nur das tun sollen, was uns die Rabbis zu tun erlauben. Das heisst: so wie es im Talmud steht und durch ihre heutigen Ämter formuliert wird. Aber tragen ihre Gesetze dieselbe wahre geistliche Autorität, wie der Tanach, wenn es heisst: „Denn so spricht der Herr…"?

Für den Gläubigen ist das der Schlüsselsatz, um die Torah so auszuleben, wie Gott sie damals gab. Der erste Spruch im Pirke Avot gibt uns einen traurigen Anhaltspunkt über die rabbinische Idee hinter der mündlichen Torah. Nachdem wir über die Abstammung der mündlichen Überlieferung informiert werden, ermahnt uns der Schreiber dieser Mischna „einen Zaun um die Torah zu machen". Es muss gesagt werden, dass die Absichten hinter dieser Idee tadellos waren. Die Weisen entschlossen sich, einen Zaun um die schriftliche Torah zu ziehen, als sie nach einem Weg suchten, um ihr Volk davon abzuhalten, diese zu brechen. So wie Kehati schreibt: „Die Torah beauftragt die rabbinischen Gerichte, sich Vorkehrungen, Verfügungen und Einschränkungen auszudenken, welche eine

Person daran hindern sollen, ein Gesetz der Torah zu übertreten." [32]

So bewundernswert dieses Vorsorgesystem scheinen mag, es besitzt doch einen angeborenen Fehler. Was in diesem Prozess wirklich passiert, ist dass die wahre Torah (Gottes Lehre über Seine Gerechtigkeit) durch von Menschen gemachte Gesetze verändert wird, die kein Leben erzeugen können, weil sie gar nicht die Worte des Lebens sind. Rabbi Scha'ul von Tarsus, der selbst durch und durch in der mündlichen Torah ausgebildet war, sagt über die Torahlehrer seiner Zeit so passend: Da sie die Gerechtigkeit nicht kannten, die von Gott kommt, versuchten sie, ihre Eigene aufzubauen; und während sie solches tun, unterwerfen sie sich auch nicht Gottes Gerechtigkeit (unsere Umschreibung von Römer 10, 1 – 8).

„Gesetz" gegen Torah

Gott hat uns Sein Herz, Seine Gedankenwelt und Gerechtigkeit in der geschriebenen Torah geoffenbart. Die ursprünglichen Schreiber zeichneten alles mit 100-prozentiger Genauigkeit auf, was Er ihnen gesagt hatte. Niemand hat das Recht, auch nur das Kleinste in dieser geschriebenen Offenbarung zu verändern. Wenn eine Halacha entworfen wird, die mit der Lehre der Torah, so wie sie geschrieben steht, nicht ganz genau übereinstimmt, dann besteht sie immer weniger aus Worten des Lebens, und kann somit auch nicht das Leben im Messias für Gläubige hervorbringen.

Mit Gedanken wie diesen, schauen Sie sich noch einmal Bild 1 auf Seite 29 an. Beachten Sie speziell die Linie innerhalb der Grenze der Torah, und eine Linie ausserhalb der Grenze. Jegliche Halacha, die „ins Schwarze trifft", oder zumindest innerhalb der Grenzen landet, ist lebensspendende Torah. Jegliche Halacha, die *ausserhalb* der Umrandung landet, ist jedoch nicht die wahre Torah. Die Worte der Torah sind „schützende Wächter", welche Gott selbst für Seine Kinder platziert hat. So wie Abraham Gottes schützende Wächter bewahrte, sollen auch wir getreu gefunden werden, dasselbe zu tun (1. Mose 26, 5 [siehe Seite 29]).

Als Gott die Torah gab, instruierte Er uns auch, wie man sie benützen sollte. Er verwies speziell darauf, dass es nicht unmöglich ist, ihre Gebote zu halten. Weil dies wahr ist, und weil Gott die Tendenz unseres menschlichen Wesens kannte, warnte Er uns, keine Denkweise zu entwickeln, die sagt: „Du musst genau so gehorchen, wie die „Experten" es Dir sagen, weil ihre Erklärung bindend für ihre Generation ist."

Die mündliche Torah besteht aus einer Auslegung der schriftlichen Torah und – laut den Rabbis – einer richtungweisenden Halacha, die auf dieser Auslegung basiert. Unser liebender Vater wusste, was die Menschen mit der schriftlichen Torah alles versuchen würden, um sie sogar in eine mündliche zu verdrehen. Er wusste, dass die Experten der mündlichen Torah den Gläubigen sagen würden, dass sie unfähig wären, die Torah ohne ihre Hilfe zu verstehen. Und weil Er genau diese Tendenz in uns Menschen bereits kannte, liess der Herr einige „Sicherheitsverse" für uns im 5. Mose 30, 11 – 14 aufschreiben. Er sagte:

> „Denn das Gebot, das ich dir heute gebiete, ist dir nicht zu hoch und nicht zu fern. Es ist nicht im Himmel, dass du sagen müsstest: Wer will für uns in den Himmel fahren und es uns holen, dass wir's hören und tun? Es ist auch nicht jenseits des Meeres, dass du sagen müsstest: Wer will für uns über das Meer fahren und es uns holen, dass wir's hören und tun? Denn es ist das Wort ganz nahe bei dir, in deinem Munde und in deinem Herzen, dass du es tust." [33]

Rabbi Scha'ul ermahnt Messianische Gläubige diesbezüglich im Römer 10. Er erklärt hier, wie jemand, der Gottes Gerechtigkeit hat, Seine Torah betrachten sollte, und zitiert deswegen die

Verse vom 5. Mose 30, 11 – 14. Er schreibt: „Aber die Gerechtigkeit aus dem Glauben spricht so: „Sprich nicht in deinem Herzen: Wer will hinauf gen Himmel fahren?“ ... oder: „Wer will hinab in die Tiefe fahren?“ Weshalb spricht so die Gerechtigkeit, die auf Glauben basiert? Weil die Person mit Gottes Gerechtigkeit ganz genau weiss, was Seine Anweisungen an uns waren und sind. Sie sind ihm völlig klar.

Scha‘ul war in der mündlichen Torah sehr bewandert. Er kannte ihre Fallen. Er wusste auch, dass diejenigen, welche diese mündliche Überlieferung förderten, sie in Wirklichkeit in ein „Gesetz“ verwandelten. Dieses Gesetz reflektierte nicht die Gerechtigkeit Gottes, sondern wurde zu Kodifizierung der Gerechtigkeit des Menschen. Scha’ul sagte jedoch, dass jemand, der Gottes Gerechtigkeit besitzt, nicht auf allen Seiten nach der richtigen Auslegung oder Anwendung suchen muss. Gottes Torah ist für ihn immer zugänglich.

Römer 10, 2 lehrt uns, dass eine Person eifrig für Gott sein kann, mit einem Eifer, der gar nicht auf Wissen gegründet ist. Bestätigt oder verfestigt Eifer die Wahrheit? Laut Scha’uls Lehren im Römer 10 etabliert solch ein Eifer nur seine eigene Gerechtigkeit und ignoriert gleichzeitig Gottes Gerechtigkeit, wie sie in der Heiligen Schrift beschrieben wird.

Wir müssen bedenken, dass das Judentum, so wie es von einigen seiner bedeutendsten Gelehrten allgemein bekannt ist, sich selbst nicht als gesetzliche Religion ansieht. In der Tat würden einige der eifrigsten Sprecher unter diesen Gedanken sogar zusammenzucken. Der angesehene jüdische neutestamentliche Gelehrte Pinchas Lapide bestätigt diese Ansicht indem er sagt: „Das Rabbinat hat nie die Torah als einen Weg der Erlösung zu Gott in Erwägung gezogen... [sondern vielmehr] betrachten [wir] Erlösung als Gottes exklusives Vorrecht, so dass wir Juden Verfechter der ‚reinen Gnade‘ sind.“ [34]

Das mag wahr sein – zumindest theoretisch. Aber die meisten in der jüdischen Welt haben entweder die Sicht von diesem biblischen Verständnis verloren oder ihren Glauben so ausgelebt, dass sie ihren Gehorsam zur Torah mit dem Verdienst eines Platzes in der zukünftigen Welt begründen. Deshalb stimmen wir auch mit Bean überein, wenn er schreibt: „Trotz dieser [besagten Betonung der Gnade im Judentum] war diese Lehre der Judanisierenden, die darauf beharrten, dass sowohl die jüdischen wie auch die heidnischen Gläubigen jedem Gesetzesbuchstaben gehorchen müssen, eines der Hauptprobleme denen Paulus begegnete.“ [35]

Weil Scha'ul im traditionellen rabbinischen Denken seiner Zeit sehr bewandert war, sah er sich genötigt, jeglichem Anschein von Gesetzlichkeit innerhalb und ausserhalb der gläubigen Gemeinschaft entgegenzuwirken. Deshalb war seine Beschreibung des Judentums im Römer 10 nicht nur richtig, sondern der Kern seiner Aussagen: Trotz allen Eifers und Aufrichtigkeit hat Gerechtigkeit, die auf Werken basiert, keinen Platz im Reich Gottes.

Wurde die wahre Torah durch Zuweisung von göttlicher Autorität an die mündliche Torah und durch gesetzlichen Gehorsam zum Geschriebenen verzerrt? Jurymitglieder, treffen Sie eine Entscheidung. Wenn der Moderator dann den folgenden Satz anstimmt: „Möge die wahre Torah bitte aufstehen“, wird sich dann die mündliche Torah erheben – oder eine andere?

Kapitel Sieben

Falsche christliche Auffassungen von der Torah

Falsche christliche Auffassungen von der Torah

Im Kapitel Sechs haben wir uns ein jüdisches Missverständnis von Gottes Torah angesehen. Nun werden wir ein christliches Missverständnis der Torah untersuchen. Wir werden erkennen, dass in der Geschichte einige Leute gleich auf zwei verschiedene Arten versuchten, die Gläubigen davon abzuhalten, der Torah zu gehorchen. Erstens durch Unterbreiten, dass die Torah abgeschafft wurde, und zweitens durch Verändern von geistigen (und wörtlichen) Begriffen der Torah in ein Begriffskonzept, das „Gesetz" genannt wird.

Lasst uns kurz die Kirchengeschichte betrachten. Hier können wir viel über einige frühere Kirchenführer lernen, und von ihrer Motivation, die Gläubigen davon abzuhalten, der Torah zu gehorchen. Wenn wir dann die nötige geschichtliche Grundlage geschaffen haben, werden wir einige ausgewählte Abschnitte in der Brit Chadascha untersuchen, die nur allzu oft dazu benutzt werden, um uns zu zeigen, dass man der Torah nicht gehorchen müsse.

Eine bittere Lektion der Geschichte

Haben Sie je versucht, 1800 Jahre Geschichte zurückzudrehen? Im Grunde müssen wir genau dies tun, wenn wir eine ganz korrekte biblische Theologie der Torah entwickeln und lehren möchten.

Falsche christliche Auffassungen von der Torah sind ein vielfältiges Thema. Die Ursache liegt in einem groben Missverständnis von mehreren biblischen Abschnitten. Die meisten davon stammen von Scha'ul von Tarsus. Jedoch wird diese zeitgenössische Fehlinterpretation durch eine zirca 1800 Jahre anti-jüdische Rhetorik von einigen sogenannten feinsten Kirchenexegeten – den Kirchenvätern – unterstützt.

Das erste Mal, als ich (Ariel) begann Kirchengeschichte zu studieren, war vor über zwanzig Jahren (sowohl in der Bibelschule, wie auch in Seminaren). Meine Professoren waren wirklich begabte, göttliche Menschen, die viele ausgezeichnete Kurse aus Büchern lehrten, welche auch heute noch in vielen evangelikalen theologischen Seminaren benützt werden. Wenn ich so zurückschaue, frage ich mich jedoch: „Weshalb wurde uns gar nichts über die jüdischen Gläubigen gesagt? Weshalb wurde nur so wenig von der Beziehung zwischen der Kirche und dem jüdischen Volk erwähnt? Weshalb zeichnen uns die Textbücher so ein rosarotes Bild von den Kirchenvätern, obwohl einige von ihnen doch zu den vehementesten anti-jüdischen Menschen gehörten, die je gelebt haben?"

Letztlich kennen wir die vollständige Antwort auf diese Fragen nicht. Vielleicht, weil es vor zwanzig Jahren so wenig jüdische Gläubige gab, so dass einfach kein oder wenig Interesse in diesen Gebieten vorhanden war. Was auch immer der Grund sein mag, es bleibt eine Tatsache, dass diese Studien nicht nur einige der bedeutendsten Ereignisse aus den Leben der früheren Gläubigen – von welchen die Mehrheit jüdisch war – weggelassen haben, sondern auch die echten Geschichten über viele theologische Entscheidungen der Kirchenväter und Kirchenratsversammlungen in der Tat verheimlichten.

Ob dieses Weglassen bewusst begangen wurde oder nicht führte es zu dem Ergebnis, dass über all die Jahrhunderte hinweg viele Seiten der Brit Chadascha grob, falsch und mit einer Anti-

Torah-Neigung ausgelegt wurden. Lasst uns nun einiges aus der frühen Kirchengeschichte betrachten, damit wir sehen, wie solches zustande kam.

Apostelgeschichte 21: Der Schlüssel

Die Untersuchung unserer Kirchengeschichte muss wieder mit einem kurzen Blick in Apostelgeschichte 21 beginnen. Gerade weil es für die Geschichte der Kirche von solcher Bedeutung ist, müssen wir ein letztes Mal zu diesem Kapitel zurückkehren. Dieser Abschnitt eröffnet uns zwei Gesichtspunkte, die für unsere Ziele hier ganz entscheidend sind: den Grundsatz der Chronologie und den Grundsatz der Hermeneutik, den dieser Abschnitt unabsichtlich aufstellt.

Viele evangelikale Bibellehrer behaupten, dass wir sehr wenig Theologie aus der Apostelgeschichte erhalten können, weil – so sagen sie – dies ein Übergangsbuch ist. In vieler Hinsicht ist es das tatsächlich auch. Denken Sie an den Bericht des Lukas: Der Evangelisationseinsatz der Jünger Jeschuas verschob sich von einem jüdischen Zielpublikum zu einem später vorwiegend heidnischen. Ein Grund, weshalb die Apostelgeschichte geschrieben wurde, war aufzuzeigen, wie es dazu kam, dass die Kirche so viele Gläubige aus einem heidnischen Hintergrund erworben hatte.

Wenn es mit diesen oder ähnlichen Ausdrücken beschrieben wird, können wir akzeptieren, dass die Apostelgeschichte als Übergangsbuch betitelt wird. Jedoch gehen viele Gelehrte noch weiter, über den geschichtlichen Rahmen hinaus, und machen einen theologischen Übergang geltend. Als Erklärung, weshalb sich die Apostelgeschichte auf Scha'ul von Tarsus konzentriert, schreibt die evangelikale Hauptstütze Merrill C. Tenney:

> Als Anführer der Heidenmission verdiente Paulus höchste Beachtung. Die Erklärung eines *Übergangs*

> *von den Juden zu den Heiden, vom Gesetz zur Gnade* und von Palästina zum Königreich verlangte während des missionarischen Wachstums der christlichen Kirche nach keiner umfassenden Betrachtung aller Geschehnisse. Zum Zweck des Lukas' war die Präsentation dieser einen Phase genügend. [36]

Die Quelle dieses Zitats ist die revidierte Auflage von Tenney's New Testament Survey (Betrachtung des Neuen Testaments), eines der Standardbücher vieler Bibelschulen zur Einführung ins Neue Testament oder für Weiterbildungskurse.

Beachten Sie, wie Tenney diesen Übergang in der Apostelgeschichte beschreibt. Für ihn, wie auch für viele andere seinesgleichen, war es nicht nur ein Übergang von einer vorwiegend jüdisch messianischen Gemeinde in eine vorwiegend heidnische. Vielmehr war es auch ein Übergang „vom Gesetz zur Gnade". Aufgrund Apostelgeschichte 21 ist eine solche Schlussfolgerung jedoch unhaltbar. Wäre von Gott ein solcher theologischer Übergang beabsichtigt gewesen, dann würden wir erwarten, immer weniger und weniger Gläubige zu sehen, welche die Torah befolgen. Statt dessen erzählt uns Apostelgeschichte 21, dass ungefähr 30 Jahre nachdem Jeschua Seine Studenten um die Welt geschickt hatte, damit sie anderen von Seiner Gnade erzählen würden, eine solche starke jüdische Gemeinde in Jerusalem herangewachsen war, dass beobachtet wurde „wieviel tausend Juden gläubig geworden sind, und sind alle Eiferer für die Torah". (Vers 20)

Achten Sie auf die Einzelheiten in diesem Vers. Erstens: auf die Anzahl der hier betroffenen Menschen. Die meisten deutschen Übersetzungen schreiben „tausende". Jedoch sollte der griechische Text (Myriaden) mit „zehntausende" übersetzt werden. Es ist äusserst schwierig, die genaue Einwohnerzahl Jerusalems vor ihrem Fall 70 uZ zu bestimmen. Die Schätzungen liegen zwischen 80 000 und 400 000. [37] Ganz gleich wie viele es waren, dieser Text aus der Apostelgeschichte belegt uns die Tatsache, dass es zu dieser Zeit in Jerusalem „viele zehntausende“ von jüdischen Gläubigen (scheinbar über 30 000) gab. Diese Zahl machte einen bedeutsamen Prozentsatz in der Bevölkerung aus.

Zusätzlich ist zu sagen, dass diese grosse Anzahl von jüdischen Gläubigen „alle Eiferer für die Torah“ waren. Wenn es wahr ist, dass Gott tatsächlich einen theologischen Übergang vom „Gesetz zur Gnade“ entworfen hatte, dann hätte dies jemand diesen Horden von messianischen Zeloten mitteilen sollen! Immerhin: Dreissig Jahre sind dreissig Jahre und lange genug, um Anzeichen eines solchen Übergangs aufzuweisen. Könnte es andererseits auch so sein, dass sie die Torah als einen schriftlichen Ausdruck der Gnade Gottes aufgefasst und dies durch die Annahme des Sühneopfers vom Messias Jeschua als umgesetzt verstanden hatten?

Scha'uls goldener Augenblick

So viel zur chronologischen Wichtigkeit in diesem Abschnitt. Was kann uns dies über die Hermeneutik sagen? Sehr sehr viel!

Als diese Geschehnisse aus Apostelgeschichte 21 aufgezeichnet wurden, waren laut Tenney die Briefe Scha'uls an die Römer und an die Galater bereits Geschichte. Es sind jedoch genau diese zwei Briefe, die von so vielen Bibelforschern benutzt wurden, um zu „beweisen“, dass die Torah als veraltet erklärt worden war.

Eine genaue Auslegung von Apostelgeschichte 21 sollte diesem Denken ein Ende bereiten können. Da Scha'ul den Galatern und Römern gerade während dieser Zeit geschrieben hatte, fing es sicher genau dann an, dass seine Ansichten bezüglich der Torah missverstanden wurden. Und zwar so sehr, dass ihn die Leiter der Gläubigen in Jerusalem betreffs seiner Ansichten herausforderten (Verse 17 – 26). Es werde gemunkelt – so sagten sie zu ihm – dass „du alle Juden, die unter den Heiden wohnen, lehrest von Mose abzufallen und sagest, sie sollen ihre Kinder nicht beschneiden, auch nicht nach jüdischer Weise leben“ (Vers 21). Die Ältesten verlangten dann, dass Scha'ul entweder die Wahrheit der Anschuldigungen eingestand oder den Beweis erbrachte, dass sie falsch waren.

So kam nun also die goldrichtige, theologische Gelegenheit für Scha'ul von Tarsus. Sein nächster Schritt *hätte eigentlich* den klärenden Augenblick für die Kirche über die richtige Einstellung der Gläubigen zur Torah bilden sollen. Während jedoch die von Scha'ul erwählten Handlungen im Text und auch allen, die seine Handlungen bezeugten, völlig klar erschienen, wurden sie vom Rest der Kirche ganz sicher nicht beachtet – wenn man all die Jahrhunderte von Anti-Torah-Rhetorik ansieht, die danach folgten! Lasst uns hier ganz klar festhalten, wie wir es bereits früher in diesem Buch taten: Scha'ul erwählte es, die Torah des Mosche aufrechtzuerhalten. Er erwählte es, ihr zu gehorchen, und andere Gläubige in Jeschua zu ermutigen – ja, sie sogar zu lehren, die Torah zu ihrem Lebensstil zu machen. Apostelgeschichte 21, 23 – 26 zeigt uns dies völlig unmissverständlich und ganz ohne fragliche Fachausdrücke.

Wenn man Scha'ul – oder irgendeinem anderen Lehrer – vertrauen und seine Lehren befolgen möchte, dann sollte selbstverständlich auch dessen Lebensstil den moralischen und ethischen Standards seiner Lehre entsprechen. Scha'ul würde nicht das Eine sagen und das Gegenteil davon tun. Er würde nicht im Galater- und Römerbrief, oder irgendwelchen anderen Briefen, Anweisungen gegeben haben, die Torah zu verlassen oder nicht zu befolgen, während er sie selbst als Basis für seinen eigenen Lebensstil benutzte. – Das wäre undenkbar!

Deshalb sehen wir, dass auch Apostelgeschichte 21 zu einem Teil unserer Hermeneutik werden muss. Oberflächlich scheinen Scha'uls' Briefe vielleicht anzudeuten, dass die Gläubigen die Torah abschaffen oder nicht befolgen sollten. Apostelgeschichte 21 verlangt von uns jedoch, diese Auslegung als ungültig zu erklären und zu streichen. Die biblischen Prinzipien der Hermeneutik befehlen uns hier, unser Wissen über Scha'uls' Verhalten in Apostelgeschichte 21 so anzuwenden, dass wir dadurch seine Briefe richtig verstehen.

Der Schlamassel, der danach folgte

Die Geschehnisse, die uns in Apostelgeschichte 21 erzählt werden, fanden irgendwann Anfang bis Mitte der Sechzigerjahre uZ statt. Ab dieser Zeit, bis nach dem Bar Kochba Krieg – der zweiten jüdischen Revolte, die 135 uZ endete – fanden viele komplizierte Ereignisse in der Kirchengeschichte und in der jüdischen Geschichte statt. Wenn den einen etwas geschah, zog es oft die anderen in Mitleidenschaft. Das war besonders nach dieser zweiten jüdischen Revolte der Fall.

Im Jahr 135 uZ war der Anteil der Kirchenmitglieder überwiegend heidnisch, obwohl immer noch eine grosse und starke jüdische Gemeinde existierte. Zu dieser Zeit gab es jedoch eine bedeutende Trennung zwischen Kirche und Synagoge. Ein Hauptgrund dafür war die Unwilligkeit von vielen nicht-jüdischen Gläubigen, den Zorn des imperialistischen Rom mitzuerleiden, der auf ihre nationalistischen, messianisch jüdischen Geschwister gekommen war.

Die jüdischen Gläubigen waren völlig gewillt gewesen an der Bar Kochba Rebellion (132 – 135 uZ) teilzunehmen, bis ihn Rabbi Akiva zum Messias erklärte. An diesem Punkt konnten sie nicht mehr an der Seite ihrer jüdischen Landsleute kämpfen. Und trotzdem blieben sie in den Augen Roms immer noch jüdisch. Ferner waren ihre Empfindungen auf der Seite ihres Heimatlandes und nicht nach Rom ausgerichtet. So litten die jüdischen Gläubigen genauso viel, wie der Rest der Juden nach der gescheiterten Bar Kochba Revolution. Der nicht-jüdische Anteil in der Kirche sah jedoch keinen Grund, sich mit diesem jüdischen Nationalismus zu identifizieren. Deshalb suchten sie nach verschiedenen Möglichkeiten, um Rom zu zeigen, dass sie keine jüdische Sekte waren – so wie Rom es vorher von ihnen gedacht hatte.

Der Historiker Schonfield schreibt dazu deutliche Worte:

> Die politische Krise in den jüdischen Angelegenheiten erzeugte unter den Kirchen des Weltreiches eine Kälte und Distanz gegenüber den jüdischen Christen. Diese führte nach der zweiten jüdischen Revolte, während der Herrschaft von Hadrian, zu einer fast vollständigen Trennung. Von den römischen Christen konnte keinerlei Einfühlungsvermögen mit dem nationalen Bestreben der Nazarener erwartet werden. Für sie bedeutete die Zerstörung Jerusalems und das Aufhören der Tempeldienste das Ende des Gesetzes und die freudige Befreiung von der Unterdrückung durch das Judentum. Es gab ihnen die Freiheit, eine eigene christliche Philosophie zu entwickeln, die besser zu ihrem heidnischem Temperament passte. [38]

Die jüdische Sicht

Inzwischen gab es andere Faktoren – sowohl innerhalb wie ausserhalb der Kirche – die zur Trennung zwischen den jüdischen und nicht-jüdischen Elementen beitrugen. Mit dem Versuch, sich nach dem Fall des Tempels 70 uZ selbst zu definieren, bewirkte das rabbinische Judentum auch, dass sich die Gläubigen in Jeschua in ihren Gemeinden unwohl fühlten. Zu dieser Zeit wurde der berühmte „Segen" gegen die *„minim"* oder Ketzer zum festen Bestandteil in vielen Synagogen während das *Amidah* gebetet wurde. [39] Wiederum ist die genaue, ursprüngliche Geschichte davon sehr vage. Entscheidend dabei ist jedoch, dass diese Worte gegen die Ketzer auch einen Fluch gegen die Gläubigen in Jeschua – speziell die jüdischen Gläubigen – aussprachen. Ferner stiessen sich auch die nicht-jüdischen Gläubigen daran, welches weitere Feindseligkeit untereinander hervorrief.

Ein gutes Beispiel dazu, wie das nicht-jüdische Element der Kirche solche rabbinischen Praktiken aufnahm, ist in den Schreiben von Justin Martyr zu finden – einem Kirchenführer der zirca 100 – 165 uZ lebte. In seinem berühmten *Dialogue with Trypho* (einem Juden), schreibt er in den Dialogen 16 und 96:

> „Mit dem Äussersten eurer Macht entehrt und verflucht ihr in euren Synagogen alle, die an Christus glauben… …In euren Synagogen verflucht ihr auch diejenigen, welche durch sie zu Christen wurden. Und die Heiden setzen euren Fluch in die Tat um, indem sie alle töten, die auch nur zugeben, Christen zu sein.“

Der nicht wiedergutzumachende Riss

Das Verlangen der Kirche, Rom von ihrer „nicht-Jüdischkeit“ zu überzeugen war das eine. Aber die Art und Weise, wie sie es taten, war das andere. Diese Zeit hat seither einen bleibenden schwarzen Fleck in der Geschichte biblischer Auslegung und in der Beziehung zwischen Kirche und Synagoge hinterlassen. Durch bereits recht anti-jüdische Lehren, die von wachsenden antisemitischen Gefühlen und durch den prächtigen Redensstil der Kirchenführer geschürt wurden, begann die Kirche in der Mitte des 2. Jahrhunderts eine Serie von anti-jüdischen Gesetzen herauszugeben, von denen einige sogar heute noch wertgeachtet werden.

Im Kern dieser Praktiken lag ein ernsthafter Angriff gegen die Torah und ihre Lehren. In einem Beispiel aus dem Brief des *Barnabas,* der aus den Jahren 130 – 138 uZ datiert, sehen wir, dass es anscheinend viele Gläubige gab, die zu dem jüdischen

Volk hielten, und vielleicht sogar selbst einen, auf der Torah basierenden, Lebensstil auslebten. Gegen diese schreibt Barnabas (nicht zu verwechseln mit dem *Barnabas* aus der Apostelgeschichte, obwohl der Brief uns glauben machen möchte, es sei ein und derselbe):

> „Hütet euch davor, nicht wie diejenigen zu sein, die eure Sünden anhäufen und sagen, dass sowohl ihnen wie auch uns das Bündnis gilt. Es ist das unsere – sie aber haben es vollständig verloren, gerade nachdem es Moses erhalten hatte"... (Brief 4, 6 + 7).

Kurz nach diesem Brief schrieb (der bereits genannte) Justin Martyr eine Erklärung, die besagte, dass nicht nur das Bündnis nicht mehr länger den Juden gehörte, sondern dass auch die Zeichen der beiden Bündnisse (mit Abraham und Moses) – die Beschneidung und der Schabbat – keinerlei weitere Gültigkeit mehr besässen.

> „Auch wir würden eure Beschneidung im Fleisch, und eure Sabbattage – kurz: alle eure Festtage – einhalten, wenn wir uns nicht bewusst wären, weshalb sie euch auferlegt worden waren: nämlich eurer Sünden und der Härte euerer Herzen wegen." (*Dialog* 18, 2)

Da anhand von Aussagen wie diesen die Annahme des Sonntags als christlichen Tag der Anbetung, Hand in Hand mit den anti-jüdischen und Anti-Torah-Lehren einhergingen, die rasch anzuwachsen begannen, folgert Bacchiocchi: „Welch einen besseren Weg gibt es noch, um den Unterschied zwischen Christen und Juden zu beweisen, als den durch die Annahme eines anderen Tages der Anbetung?" Ferner haben Leute wie Martyr durch die Ablehnung der Torah und deren Ersatz durch heidnische

Bräuche, wie die Verehrung des Sonnentages, vielleicht auch versucht „den Herrscher darauf aufmerksam zu machen, dass die Christen keine jüdischen Rebellen, sondern gehorsame Bürger waren ... die Römer verehrten damals den Tag der Sonne ... und wiederholte Verehrung eines solchen Tages könnte sehr wohl ein kalkuliertes Bemühen darstellen, um die Christen näher an die römischen Bräuche zu ziehen als an die jüdischen..“ [40]

Und so geht es weiter im Takt

Die Anti-Torah-Haltung der anfänglichen Kirche fing also sowohl als ein Bemühen an, die Gute Nachricht für die Heiden schmackhaft zu machen, wie auch um die römische Regierung davon zu überzeugen, dass sie keine Juden waren. Dadurch vermieden sie jegliche anti-jüdische Feindschaft seitens der Regierung. Als die Tür einmal für Anti-Torah-Auslegung in einer vorwiegend nichtjüdischen Kirche geöffnet worden war, wurde es zunehmend schwieriger, sie zu schliessen. Viele der meist bekannten und respektierten Kirchenführer schritten durch diese Tür und ihre Nachfolger dicht hinterher.

Ein gutes Beispiel hierfür ist Johannes Chrysostomus. In meinem Hochschulkurs für Kirchengeschichte wurde uns gelehrt, dass dieser feurige Prediger des 4. Jahrhunderts ein begabter, wohlbekannter Rhetoriker gewesen war, und sogar „Goldmund“ genannt worden war. Cairns beschreibt Chrysostomus als jemanden, der „nicht immer Takt besass, aber eine höfliche, liebevolle und freundliche Natur hatte.“ Dann, nachdem er seine theologisch klingenden, exegetischen (Kunst der Bibelauslegung) Methoden beschrieben hatte, sagt uns Cairns: „Er lehrte, dass es keine Trennung von Moral und Religion geben darf; das Kreuz und die Ethik müssen Hand in Hand gehen“. [41]

Diese Zitate stammen aus *„Christianity Through the Centuries“* (Das Christentum durch die Jahrhunderte hindurch) –, einem sehr bekannten Lehrbuch, das seit vielen Jahren zum

Standardwerk in den evangelikalen Hochschulen gehört. Schauen wir uns jetzt noch eine andere Seite von Chrysostomus an, von der die meisten Evangelikalen entweder nichts wissen oder lieber nicht darüber reden wollen. In seinem sehr angesehenen Werk über christlichen Antisemitismus: *The Anguish of the Jews* (Die Qualen der Juden) zeichnet Edward Flannery mehrere dokumentierte Zitate über Chrysostomus' Haltung gegenüber dem jüdischen Volk auf. Indem er seine persönliche Veränderung mit Chrysostomus' Worten vermischt, schreibt Flannery:

> Wie können Christen es wagen, „die auch noch so kleinste Unterredung" mit den Juden zu haben, „die doch die erbärmlichsten aller Menschen sind ... Menschen, die räuberisch, gierig, verräterische Banditen sind ... wilde Mörder, Zerstörer, Menschen vom Teufel besessen ..." Die Synagoge? Es ist die „Wohnung des Teufels, so wie es auch die Seele der Juden ist." Ihre Religion ist „eine Krankheit".

Wegen diesem und noch vielem anderen, sagt Chrysostomus, der Experte für Ethik und Moral zu den Christen:

> Derjenige, der Christus nie genug lieben kann, wird den Kampf gegen sie [die Juden], die Ihn hassen nie beenden. Deshalb fliehe aus ihren Versammlungen, fliehe aus ihren Häusern, und bleibe weit weg vom Verehren der Synagoge, wegen der Bücher, die sie beinhaltet, und halte sie in Hass und Widerwillen aufgrund desselben. Ich hasse die Synagoge ganz genau deshalb, weil sie das Gesetz und die Propheten hat... Ich hasse die Juden, weil sie dem Gesetz Gewalt antun. [42]

Im Kern dieses Hasses, laut Flannery, liegen die Anschuldigungen, dass die Juden die Christusmörder sind, und deren

Gesetz keinen Anteil im Leben eines Christen haben sollte. Es gibt wirklich noch viele andere, dokumentierte Beispiele des Hasses der frühen Kirche gegenüber dem jüdischen Volk und gegen die Schriften des Mosche als einen Lebensstil. Es ist wahr, dass die Torah benutzt wurde, um viele Wahrheiten über den Messias zu beschreiben. Aber nach jahrhundertelangen anti-jüdischen, anti-Torah und sogar antisemitischen Lehren der einflussreichsten Kirchenführer würde es niemand wagen, auch nur eine der Vorschriften versuchen zu befolgen oder andere zu lehren, dasselbe zu tun.

Zählen Sie die Jahre, die Jahrzehnte und die Jahrhunderte zusammen. Eine seit ewigen Zeiten währende Tradition zu ändern kann extrem schwierig sein, besonders wenn diejenigen, die wir lieben und respektieren nur sehr wenig Notwendigkeit für eine solche Änderung sehen. Dies gilt ganz besonders, wenn wir über die Auslegung bestimmter Abschnitte in der Brit Chadascha diskutieren, die von der Torah handeln. Leider stossen wir hier auf jahrhundertealte Anti-Torah-Tradition in der Kirche. Ein Weg für einen Anfang, um diese Tradition zu durchbrechen ist es, zu untersuchen wie es überhaupt zu einer solchen Tradition kam. Deshalb schrieben wir oben die kurze Geschichtszusammenfassung. Auch Sie können anfangen, diese zerstörerischen Traditionen zu durchbrechen und eine neue, ehrliche und korrekt ausgelegte Tradition aufzubauen, indem Sie ehrlich und gerecht mit Gottes Wort umgehen.

Der Aufbau einer besseren Tradition – der Tradition des „Gesetzes“

Es gibt noch einen anderen Weg, um die Tradition der Lügen zu zerbrechen: Wir müssen anfangen, die Wahrheit zu sagen. Für unser Ziel hier müssen wir ein paar der vielen Abschnitte in der Brit Chadascha neu untersuchen, die uns früher so erschienen, als würden sie gegen die Torah sprechen. Rav Scha'ul von Tarsus wird oft als der Übeltäter angesehen – als derjenige, der die Torah im Stich liess und darüber einen neuen Weg des Denkens einschlug. Lasst uns also ein paar Beispiele seiner Briefe genauer betrachten.

Zusätzlich zum geschichtlich bereits oben genannten, kann die Anti-Torah-Auslegung in der Brit Chadascha dem Missverständnis des griechischen Wortes *nomos* zugeschrieben werden. Dieses Wort wird sehr häufig als „Gesetz" übersetzt. Jedoch „kommt das Wort *nomos* ungefähr 430-mal in der Septuaginta vor ... dessen am häufigsten verbreitete Übersetzung das Wort *Torah* ist .... Wichtig zu beachten ist auch, dass *Torah nicht* das Wort „Gesetz" im modernen Sinne des Begriffs bedeutet." [43]

Daraus lernen wir, dass, obwohl die Schreiber der Brit Chadascha das hebräische Wort Torah mit dem griechischen Wort *nomos* übersetzten, welches „Gesetz" bedeuten konnte, die beabsichtigte Bedeutung hinter diesem Wort jedoch meistens *Torah,* oder auf deutsch die „Lehre" war. Wenn aber die vorherrschende theologische Tradition die Ansicht vertritt, dass die Torah keine Gültigkeit mehr für den Lebensstil der Gläubigen in Jeschua hat, ist es ganz natürlich, wenn *nomos* mit seiner weltlichen Bedeutung als „Gesetz" übersetzt wird. Und so wurde uns der sprachwissenschaftliche Begriff „Gesetz" in der Brit Chadascha geboren. „Gesetz" ist jedoch nicht nur ein irrtümlicher Weg, den hebräischen Ausdruck *Torah* zu übersetzen; es beinhaltet eine irrtümliche, theologische Idee völlig in sich selbst. Diese Idee könnte „gerechtfertigt durch Werke" betitelt werden, – ein System, welches von uns verlangt, bestimmte Dinge so oder eben nicht so zu tun, um aus Seiner Sicht gerechtfertigt zu sein.

Leistungsorientierte Annahme

Der sündige Mensch hatte immer schon eine Tendenz, Gottes Lehren zu nehmen und sie in Gesetze zu verwandeln. Er tut dies, weil er in seinem verdorbenen Stadium denkt, das Erfüllen eines bestimmten Benehmens sei der einzige Weg, um sich Akzeptanz von Gott zu verdienen oder beizubehalten. (Nebenbei: diese Tendenz zur Gesetzlichkeit ist nicht nur auf Gottes Torah begrenzt; sie kann auch auf jede Lehre über das Thema Gerechtigkeit angewendet werden.) Und so hat der Mensch Gottes schriftliche Form des Ausdrucks Seines Herzens und Seiner Gedanken genommen und hat sie in eine Liste von Regeln verdreht, welche – wenn sie auf den Punkt genau befolgt werden – ihm den Gewinn der Zustimmung des Allmächtigen versprechen. Ferner hat er zu diesem System von akzeptablem Benehmen eine zweite Liste von Regeln hinzugefügt, die er sich selbst ausgedacht hat.

Dieses System, das auf Eigenleistung basiert, wird vom Menschen als seine „Religion" liebevoll umarmt. Menschen-gemachte Religion versucht Gottes Wort auf einen Satz von Regeln und Gesetzen zu reduzieren, die Eigenleistung von uns verlangen. Sie versucht auch unseren Wert vor Gott danach einzustufen, wie *gut* wir sie ausführen. Die Torah Gottes gibt uns jedoch die Freiheit, die neuen Kreaturen zu sein, zu denen Er uns gemacht hat – solche, die im Glauben wandeln und in einer vertrauten Beziehung zu unserem Vater und Bräutigam stehen.

Leider sind auch viele Geschwister ungewollt dieser „Gesetzes"-Tradition verfallen. Obwohl sie sich der Gnade Gottes bewusst sind, denken diese Gläubigen trotzdem, dass Gott sie vielleicht nicht weiterhin liebt oder rettet, ausser sie würden eine Liste von Regeln befolgen. Auch das nennt sich dann Gesetz. Deshalb hat diese Gläubigen dasselbe Schicksal wie die Ungläubigen ereilt: sie haben Gottes Torah mit menschen-gemachten, religiös aussehenden, Gesetzen verwechselt.

Noch einmal: ein Grund für diese Verwirrung ist die falsche Übersetzung des Wortes *nomos* in der Brit Chadscha. Anstatt es korrekt mit dem Wort Torah wiederzugeben, beharrten die Übersetzer in ihrem jahrhundertealten Glauben, dass die Torah des Mosche wenig – wenn überhaupt – Platz im Leben von Jeschuas Nachfolgern hat. Deshalb haben sie dort das Wort „Gesetz" gewählt, wo das Wort *Torah* die richtige Übersetzung gewesen wäre.

Problematische Ausdrücke – der Brief an die Galater

Ein weiterer Faktor, der zur Fehlinterpretation von Rav Scha'ul beiträgt, ist die Sprache, die er besonders in seinen Briefen an die Römer und Galater benutzt, in denen die Beziehung der Gläubigen zur Torah diskutiert wird. Wir denken hier an zwei ganz spezielle Ausdrücke: *upo nomen* („unter dem Gesetz") und *erga monou* („Gesetzes Werke"). Wenn Scha'ul diese Begriffe benützt, geschieht dies in einem allgemein eher schlechten Licht.

Sehen Sie zum Beispiel im Römer 6, 14 nach, wo es heisst: „...die ihr ja nicht *unter dem Gesetz* seid, sondern unter der Gnade." Hier betont Scha'ul, dass der Gläubige in Jeschua betreffs seiner Rettung vom Messias abhängig ist, welche er nur durch die Gnade Gottes empfangen kann. Ein Beispiel des zweiten Ausdrucks „Gesetzes Werke" finden wir im Galater 2, 16: „Doch weil wir wissen, dass der Mensch durch des Gesetzes Werke nicht gerecht wird, sondern durch den Glauben an den Messias Jeschua." Was auch immer „Gesetzes Werke" bedeutet, es wird ganz klar in einem negativen Sinn benützt, und deutet auf etwas Entgegengesetztes vom Glauben an die Errettung durch Jeschua hin. In der Tat rügte Scha'ul die Galater für ihr Vertrauen in die Werke des Gesetzes.

In diesen Abschnitten lehrte Scha'ul gegen *Gesetzlichkeit* – gegen den Versuch, Errettung durch Gehorsam zum Gesetz zu verdienen oder zu erhalten. Es gab aber nicht genügend Worte ,um „Gesetzlichkeit" ausdrücken zu können. Statt dessen musste er bestimme Ausdrücke benützen, welche – sofern falsch ausgelegt – den Leser leicht zum Glauben verleiten könnten, dass der Schreiber gegen die Torah wäre.

C.E.B. Cranfield hat viel Licht auf die Bedeutung dieser zwei griechischen Ausdrücke gebracht. Er hilft uns zu erkennen, was Scha'ul wirklich meinte, und seinen wahren Standpunkt über die Torah vollständiger zu verstehen. Weil Cranfields Bemerkungen so passend sind, werden wir sie in voller Länge zitieren:

> Es wäre gut, an die Tatsache zu denken (welche, soweit wir wissen, bevor dies beachtet wurde, noch keine Aufmerksamkeit erlangt hatte), ... dass die griechische Sprache zur Zeit des Paulus keinen Wortschatz besass, der mit unseren Worten „Gesetzlichkeit", „Legalist" und „legalistisch" übereinstimmen würde. Dies bedeutet, dass ihm die passende Terminologie zum Ausdruck einer entscheidenden Differenzierung fehlte, und er deshalb bei seinem Suchen nach einer klärenden christlichen Position betreffs des Gesetzes ernsthaft behindert wurde. Angesichts dessen sollten wir immer – so meinen wir – bereit sein, die Möglichkeit in Anbetracht zu ziehen, dass die Aussagen von Paulus, die auf den ersten Augenblick so aussehen als würden sie das Gesetz verunglimpfen, in Wirklichkeit nicht gegen das Gesetz selbst gerichtet sind, sondern gegen dessen Missverstehen und Missbrauch, für das wir inzwischen die passende Terminologie besitzen. Paulus leistete hier auf diesem schwierigen Gebiet Pionierarbeit. Wenn wir auf diese Umstände die gebührende Rücksicht nehmen, werden wir auch nicht so leicht bei einer gewissen Ungenauigkeit in der Aussage, die uns manchmal begegnen wird, verwirrt oder irregeführt werden. [44]

Uns begegnet in der hebräischen Sprache dasselbe Dilemma. Es gibt keine hebräischen Worte, welche die Begriffe „Gesetzlichkeit" oder „Legalist" ausdrücken können. Deshalb stiess Scha'ul bei seinem Versuch zu erklären, dass Gesetzlichkeit nicht das war, was Gott beabsichtigt hatte, auf gewisse Sprachhindernisse, egal, ob er nun sein hebräisches Gedankengut oder die griechische Sprache benützte. Von unserem Verständnis her über die wahre Natur der Torah und zu Rav Scha'uls' Theologie, meinen wir doch, dass er eine ausgezeichnete Arbeit getan hat, diese Sprachbarriere zu überwinden!

Die nächste unvorteilhafte theologische Tradition, die wir ans Licht bringen müssen, ist die seit langem bestehende Fehlinterpretation von *nomos/Torah* im Brief an die Galater. Es ist der Brief, in dem es heisst: „Regiert euch aber der Geist, so seid ihr nicht unter dem Gesetz“ (5, 18). Und ebenfalls heisst es hier, dass solche Menschen „aus der Gnade gefallen“ sind (5, 4). Zusätzlich: „Ich, Paulus sage euch: Wenn ihr euch bescheiden lasset, so wird euch Christus nichts nützen“ (5, 2).

Diese eher hart klingenden Aussagen – unter einer Menge von vielen anderen in diesem Brief – wurden über viele Jahrhunderte hinweg gegen sämtliche Gläubige benützt, welche der Torah gehorsam nachfolgen wollten – besonders betreffs Beschneidung, des Haltens des Schabbat oder jeglicher nicht die Moral betreffender Angelegenheit. Was sollen wir mit ihnen machen?

Die Erklärung ist relativ einfach; wir müssen uns nur über zwei grundsätzliche Tatsachen im Klaren sein. Die erste ist das hermeneutische Prinzip, das in der Apostelgeschichte 21, 20 ff etabliert wurde. Auch wenn es so aussieht, als würde Scha'ul auf irgendeine Weise gegen die Torah lehren, so muss dieser Eindruck doch der Wahrheit Platz machen, die sein Leben so zeigt, wie er es lebte. Wenn uns Apostelgeschichte 21 sagt, dass Scha'ul sein Leben nach der Torah lebte und auch andere dazu ermutigte dasselbe zu tun, dann werden wir den Zug verpassen, wenn wir den Galaterbrief von einem Anti-Torah-Gesichtspunkt her auslegen.

Die zweite Tatsache, an die wir denken müssen, ist das hermeneutische Prinzip des *Zusammenhangs* – besonders der Zusammenhang des ganzen Buches. Um genau zu sein: Der Zusammenhang des Briefes an die Galater betrifft die Rechtfertigung durch den Glauben. Scha'ul warnte sie davor, ein „Gesetz“ aus der Torah zu machen. Indem die Galater Gottes Lehren und Bündnis in eine Liste von legalistischen Gesetzen verwandelten, verliessen sie das Prinzip der Rechtfertigung durch den Glauben und flüchteten in die Rechtfertigung durch Werke. Sie benützten die Torah als ein Werkzeug, um ewige Erlösung zu erarbeiten, zu verdienen oder zu erhalten, die sie doch aus Gnade und durch ihren Glauben an das vollendete Werk Jeschuas erhalten hatten.

Scha'ul weist mehrfach darauf hin, dass dies bei den Galatern der Fall war. Den ersten Hinweis finden wir im Kapitel 2, 16: „Doch weil wir wissen, dass der Mensch durch des Gesetzes Werke nicht gerecht wird, sondern durch den Glauben an den Messias Jeschua, damit wir gerecht werden durch den Glauben an den Messias und nicht durch des Gesetzes Werke; denn durch des Gesetzes Werke wird kein Fleisch gerecht." Das Thema, das Scha'ul hier ansprach, waren die Bedingungen Gottes für unsere Rechtfertigung.

Wenn wir uns die griechische Version von Galater 2, 16 anschauen, können wir sehen, dass der bestimmte Artikel vor dem Ausdruck „Gesetzes Werke" weggelassen wurde. Es ist nicht so wie es durch viele deutsche Übersetzungen überliefert wird: „des Gesetzes Werke" (die Werke des Gesetzes)". Wenn der Übersetzer den bestimmten Artikel hinzufügt, dann hilft es dem Leser, wenn er *annimmt,* dass „das Gesetz" eine Referenz zur Torah ist. In Wirklichkeit ist dies hier jedoch nicht der Fall. „Gesetzes Werke" ist ein Ausdruck, der auf ein von Menschen gemachtes Leistungssystem hinweist, von welchem der Kern des Glaubens eine auf Leistung basierende Anerkennung ist. *Ergon nomou* sollte mit „Gesetzeswerke" (ohne den Artikel) übersetzt werden.

Deshalb sollte es im Galater 2, 16 heissen: „Doch weil wir wissen, dass der Mensch durch Gesetzeswerke nicht gerecht wird, sondern durch den Glauben an den Messias Jeschua, damit wir gerecht werden durch den Glauben an den Messias und nicht durch Gesetzeswerke; denn durch Gesetzeswerke wird kein Fleisch gerecht."

Im Galater 5, 4 heisst es: „Ihr habt den Messias verloren, die ihr durch das Gesetz gerecht werden wollt, und seid aus der

Gnade gefallen". Viele benützen diesen Vers um darzulegen, dass diejenigen, welche der Torah nachfolgen, von der Gnade Gottes abgefallen sind, weil sie dem „Gesetz" gehorchen, anstatt dem Messias, welcher – so wird ihnen gesagt – sie doch vom Gesetz befreit hat. Zur Verteidigung dieser Meinung zitieren sie den umliegenden Text (Verse 2 + 3): „Siehe ich, Paulus, sage euch: Wenn ihr euch bescheiden lasset, so wird euch der Messias nichts nützen. Ich bezeuge abermals einem jeden, der sich beschneiden lässt, dass er das ganze Gesetz zu tun schuldig ist." Sie sagen: „Wenn du tust, was die Torah dir sagt, und deine Söhne beschneidest, dann folgst du Jeschua nicht mehr nach".

Unsere Erwiderung darauf? Scha'ul selbst sorgt für den Schlüssel zum richtigen Verständnis dieses Abschnitts im Vers 4. Hierin sagt er uns, dass jeder, welcher der Torah gehorcht, während er „durch das Gesetz gerecht werden will", auf ernsthafte Schwierigkeiten stossen wird.

Einige Galater dachten, dass Gehorsam zur Torah (oder irgendeiner anderen Reihe von Richtlinien) ihnen verhelfen würde, ihr geistliches Erbe zu erlangen: die Rechtfertigung vor Gott. In dem Moment, in dem der Mensch jedoch glaubt, dass Gehorsam seine Gerechtigkeit sicherstellen kann, hat er sich aus der Welt der Gnade in die Welt der Werke versetzt. Er denkt, dass er die Segnungen Gottes als Ergebnis seines eigenen Handelns erreichen könnte.

Andererseits sagt Scha'ul, dass solch eine Person vom Prinzip der Gnade in das Prinzip des „Gesetzes" gefallen ist. Wer also solch einer Irrlehre glaubt, für den hat die Sühne, die Jeschua vollbrachte, keinen Wert. Denn er verlässt sich auf das, was er tut, anstatt auf das, was Jeschua für ihn getan hat.

Die Lehren der Torah waren nie für einen solchen Zweck gedacht. Ewige Erlösung basiert auf der Annahme der Versprechen Gottes. Sie werden allen jenen aus Gnade gegeben, die sie nicht verdienen. Die einzig vernünftige Antwort auf diese Gnade ist es, sie im Glauben anzunehmen, anstatt zu versuchen, sie durch eigenes *Handeln* zu verdienen. Wenn wir der Torah gehorchen, um uns an den Segnungen der Gnade Gottes, die wir im Glauben erhalten haben, zu erfreuen, dann sind wir nicht „von der Gnade abgefallen“, sondern wir umarmen die Gnade Gottes für unser Leben. In anderen Worten: Wenn der Mensch versucht den Segen Gottes zu verdienen, anstatt sich das Leben des Messias anzueignen, dann hat er das Prinzip der Gnade verlassen und ist dem Prinzip des „Gesetzes“ verfallen. Die Torah auszuleben, bedeutet unser Leben als neue Kreatur im Messias auszuleben: Es ist dann eigentlich Sein Leben in uns – ein Leben aus Gnade und Wahrheit. Deshalb ist die Torah Gottes Offenbarung für all diejenigen, die aus Ihm geboren sind, damit sie in Übereinstimmung mit der Wahrheit der Guten Nachricht leben sollten (Galater 2, 14).

Wirklicher biblischer Glaube ist die Art von Vertrauen auf Gott, die immer eine Veränderung in unserem Leben zur Folge hat. Die Torah (wie auch die Brit Chadascha) verursachen kein solches verändertes Leben, sondern sie beschreiben, wie ein solches verändertes Leben aussieht. Dies ist dann das Wunderwerk Gottes, das aus Seiner Gnade heraus geboren ist.

Wir müssen die Galater jetzt verlassen. Worauf wir hinaus wollten ist dies: Wir möchten die Tatsache festhalten, dass die Aussagen, die im Brief so sehr gegen die Torah zu sprechen scheinen, überhaupt nicht gegen sie sprechen, wenn wir die Torah richtig anwenden. Es gab einige Galater, welche die Torah in ein „Gesetz“ verwandelten, indem sie dieses als Mittel zur Rechtfertigung benützten, anstatt als Lebensstil aufgrund ihrer Rechtfertigung. Wenden wir uns nun also dem Römerbrief zu.

Das Thema von Scha'uls' Brief an die Römer ähnelt dem an die Galater. Er ist einfach nur ausgiebiger. Der Leitsatz ist die Rechtfertigung oder Gerechtigkeit – Worte, die auf Hebräisch und Griechisch aus derselben Wurzel stammen. Im Römerbrief versucht der Rabbi das Thema über Gottes Gerechtigkeit von allen nur erdenklichen Seiten zu erörtern. Wie im Galaterbrief muss er sich auch hier mit dem Begriff der Torah befassen. Denn auch in Rom gab es einige die versuchten, Rechtfertigung durch den

Gehorsam von einer Reihe von Gesetzen (von denen sie dachten, es sei die Torah) zu erlangen.

Da die Themen einander sehr ähneln, sind auch die traditionellen Auslegungen der „Gesetzes-Abschnitte" ähnlich. Durch Jahrhunderte hindurch bestand die Kirche hauptsächlich aus Nichtjuden, von denen die meisten die Torah des Mosche weder verstanden noch schätzten. Deshalb bemühten sich so wenige von ihnen, diese „Gesetzes-Abschnitte" richtig auszulegen. Es gibt zwei Schlüsselverse im Römerbrief, die von vielen Exegeten ganz speziell missverstanden wurden und deshalb zu einer groben Anti-Torah-Wahrnehmung unter dem Volk Gottes führte.

Der erste Vers steht im Römer 10, 4: „Denn Messias ist des Gesetzes Ende; wer an den glaubt, der ist gerecht". Viele verstehen diesen Vers so, als würde er sagen, dass Jeschua die Torah beendete; und dass jeder der an Ihn glaubt, keine Verantwortung mehr hat, der Torah zu gehorchen, weil Jeschua für ihn der Torah gehorsam gefolgt war.

Wenn wir uns das Griechisch jedoch etwas näher ansehen, deckt es für uns eine ganz andere Bedeutung auf. Es ist das griechische Wort *telos,* das mit „Ende" übersetzt wird. Dieses Wort betont eigentlich das „Ziel" oder den Zweck für etwas. So wie es in diesem Vers benützt wird, können wir sagen, dass Messias das „Ziel (telos) des Gesetzes" ist [45]. Oder wie es Stern übersetzt: „Messias ist das Ziel, auf das die Torah zuläuft". In anderen Worten: Im Zusammenhang spricht Scha'ul hier von Menschen, die Gottes Gerechtigkeit suchen. Sie sollten sie so suchen, wie sie in der Torah offengelegt wird und am vollkommensten im Messias verwirklicht ist. Stern schreibt:

> Das Ziel, auf das die Torah zuläuft, ist: den Messias, der ihnen aufgrund dieses Vertrauens eben die Gerechtigkeit anbietet, die sie suchen, anzunehmen und Ihm zu vertrauen. Sie würden erkennen, dass die Gerechtigkeit, die ihnen die Torah anbietet, in Ihm liegt und nur in Ihm. [46]

Anstatt zu lehren, dass die Torah durch den Glauben an den Messias hinweg getan wurde, lehrt uns dieser Vers also, dass es das Ziel der Torah ist, den Menschen auf die Gerechtigkeit hinzuweisen, die durch den Glauben an den Messias gefunden werden kann. Ein Sünder kann nur durch Glauben an den Messias gerecht gemacht werden. Nachdem er Jeschua empfangen hat, ist er als neue Kreatur im Messias jedoch nun in der Lage, einen Lebensstil nach der Torah und durch die Kraft des in ihm wohnenden Geistes Gottes zu leben. Damit lebt er dann aus, was er nun ist: die Gerechtigkeit Gottes im Messias. Die Torah ist die offenbarte Gerechtigkeit Gottes. Ein Lebensstil nach der Torah ist dessen ausgelebte Gerechtigkeit. Was steht denn auf diesem neukreierten Herz und Verstand geschrieben? Genau diese Torah von Gott! (Jeremia 31, 33)

Zum Schluss werden wir den einen Abschnitt ansehen, der am häufigsten benützt wird, um zu beweisen, dass der Gläubige keinerlei Verantwortung habe, der Torah nachzufolgen: Das siebte Kapitel im Römerbrief. Ja, es ist sicher schwierig, diesen Abschnitt vollständig zu verstehen. Er kann jedoch deutlich genug ausgelegt werden, um zu bestätigen, dass er nichts damit zu tun hat, dass der Gläubige seine Verantwortung nicht beseitigen kann, sowohl die Torah auszuleben, wie auch die Gerechtigkeit Gottes, die er als neue Kreatur im Messias wurde.

Die Schlüsselfragen, die wir uns über diesen Abschnitt stellen müssen, sind: Wer ist hier gestorben? Was hat sich verändert? Ist die Torah diejenige, die starb, oder etwas anderes? Wir stellen diese Fragen, weil die erste Hälfte dieses Abschnittes über einen Tod, eine Trennung und über eine Veränderung spricht, die geschah, als der Messias in unser Leben kam.

Durch Lesen von Matthäus 5, 17 ff wissen wir, dass die Torah gar nicht gestorben sein kann. Sie ist Gottes ewiges Wort! Also muss etwas anderes gestorben sein. Was sich verändert hat, ist unsere *Beziehung* zur Torah, weil sich unsere Beziehung zur Sünde verändert hat. Bevor wir die Gerechtigkeit des Messias im Glauben kannten, versuchten wir die Torah als ein Werkzeug zu benützen, um Gerechtigkeit zu verdienen – etwas wofür sie nie gedacht war. Eine solche unerlaubte Benutzung konnte nur zu dem einen Ergebnis führen: das ist die Verdammung. Denn solch eine Gerechtigkeit durch Werke könnte nie unsere Sünden entfernen.

Als uns Gott zum Glauben an den Messias führte, veränderte sich jedoch alles. Im Glauben brachten wir unser Vertrauen weg von Werken, die wir vorher versucht hatten selbst zu tun, hinüber zum vollendeten Werk von Jeschua. Für unser Leben gilt die neue Wirklichkeit, dass der Messias unsere Sünde gesühnt hat und uns zu einer neuen Kreatur gemacht hat. In anderen Worten: Wir unterwarfen uns der Gerechtigkeit Gottes, die wir in Jeschua fanden, anstatt uns auf die Gerechtigkeit des Menschen aufgrund eigener Anstrengungen zu verlassen.

Deshalb hat sich also unsere Beziehung zur Torah verändert. Vorher, als wir sie unlauter benutzten, nämlich im Versuch unsere Rechtfertigung aus Gehorsam zu verdienen, konnte uns die Torah einfach nur verdammen. Aber jetzt, weil wir an den Messias glauben und völlig darauf vertrauen, dass Gott uns rechtfertigt, wurde die Torah für uns zu etwas völlig anderem. Nämlich ganz zu dem, wofür sie ihr Verfasser entworfen hat: sie ist „heilig, recht und gut." (Römer 7, 12)

Unsere Beziehung zur Torah kann sich, laut Scha'ul, verändern; denn das Problem war nicht die Torah, sondern die Sünde. „Ist denn, was doch gut ist [Torah], mir zum Tod geworden? Das sei ferne! Sondern die *Sünde,* auf dass sie recht als *Sünde* erscheine, hat mir durch das Gute den Tod gewirkt, damit die *Sünde* überaus *sündig* würde durchs Gebot." (Römer 7, 13)

Viele Jahre lang haben wir über diesen entscheidenden Abschnitt die unterschiedlichsten Auslegungen gehört. Wir möchten nun eine neue Stimme verlauten lassen. Hören Sie sich das noch einmal als Zusammenfassung an. Dieser Abschnitt lehrt uns, dass unser wirklicher Feind die Sünde war, und nicht die Torah. Da wir im Messias neue Kreaturen sind, hat sich unsere ganze Beziehung zur Sünde verändert. Vor den Zeiten des Messias verwandelte die Sünde die Torah in ein Buch, welches uns zum grössten Teil verdammte, weil wir versuchten, es zu befolgen, um uns dadurch die Gerechtigkeit zu verdienen. Der Messias hat uns jedoch gezeigt, dass wir Gerechtigkeit nicht verdienen können. Sie ist vielmehr ein Geschenk Gottes an alle, die auf das Sühneopfer und die nachfolgende Auferstehung des Messias vertrauen. Nachdem wir also unserem Messias vertrauten, wurde die Torah für uns das, was sie eigentlich schon längst hätte sein sollen: ein heiliges, gerechtes und gutes Buch.

Da sie die
Gerechtigkeit
nicht erkannten,
die von Gottes
kam,

trachteten sie danach,

ihre eigene Gerechtigkeit aufzurichten,

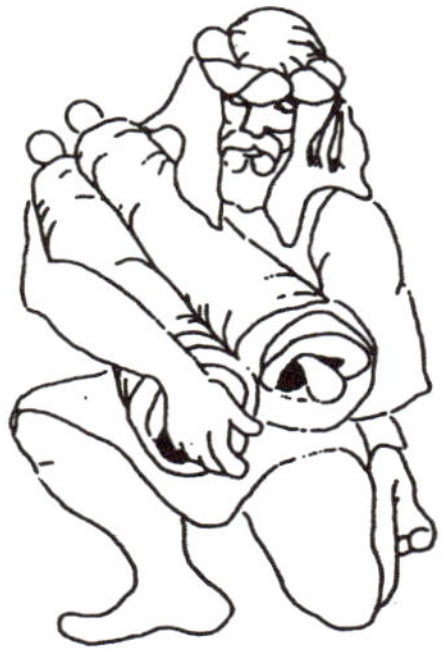

und wurden so der Gerechtigkeit
Gottes nicht untertan.

Wenn eine nicht erlöste (nicht wiedergeborene) Person die Torah annimmt, und versucht, sie zu befolgen – um die Gerechtigkeit zu erlangen, die von Gott kommt –

Von dieser Torah sollt ihr leben.

verwandelt sich die Torah

von

Gnade

Gerechtigkeit, die von Gott kommt (Römer 10, 3)

Durch dieses Gesetz sollt ihr sowohl gerichtet wie auch verurteilt werden.

in ein

Gesetz

um.

Der Versuch des Menschen, seine eigene Gerechtigkeit aufzubauen (Römer 10, 3)

„Denn sie erkennen die Gerechtigkeit nicht, die Gottes ist, und trachten, ihre eigene Gerechtigkeit aufzurichten, und sind so der Gerechtigkeit Gottes nicht untertan." (Römer 10, 3)

Abschliessende Zusammenfassung

Lasst uns dieses Kapitel abschliessen, indem wir zu einem Bild zurückkehren, dass wir Ihnen früher schon einmal vorgestellt haben. Es ist ein prächtiges Bild, das uns alles, was wir bisher über die wahre Torah gesagt haben, noch einmal verdeutlicht. Wir meinen hier den Vergleich mit einem Spiegel aus dem ersten Kapitel des Jakobusbriefes.

Der Spiegel

Die wahre Torah ist unser Weg im Glaubensleben. Der Glaube nimmt Gott bei Seinem Wort betreffend wer Er ist, und wer wir – Seine Kinder – sind: Seine Braut und Sein Volk. Die wahre Torah ist für uns ein Spiegel, der wiedergibt, wer wir jetzt sind: Erlöste und Erneuerte durch das vollendete Werk des Messias.

Rav Scha'ul hat dies völlig verstanden und deckte diese uralte Tendenz zur Gesetzlichkeit des Menschen in allen seinen Briefen auf. Ja'akov fügte zu unserem Verständnis der wahren Torah in seinen Briefen folgendes hinzu: „Täuscht euch nicht, indem ihr lediglich hört, was das Wort sagt, sondern tut es auch!" (Jakobus 1, 22) Warum? Weil es uns sagt, wer wir sind! Wie können wir wissen, dass Ja'akov die Torah so verstanden hat? Durch seine Aussage in den nächsten Versen 23 + 24: „Denn so jemand ist ein Hörer des Wortes und nicht ein Täter, der ist gleich einem Mann, der sein leiblich Angesicht im Spiegel beschaut. Denn nachdem er sich beschaut hat, geht er davon und vergisst von Stund an, wie er gestaltet war."

Beachten Sie, was hier gesagt wird! Wenn wir das Wort lesen und dann nicht genau das tun, was es uns sagt, dann haben wir unser eigenes Spiegelbild betrachtet, sind weggelaufen und haben „vergessen", wie wir ausgesehen haben. Das Wort Gottes ist der Spiegel in dem wir sehen, wer wir jetzt sind, so wie wir jetzt aussehen. Weil das Werk des Messias ein vollendetes Werk ist, bleibt uns einfach nur, uns an diesem vollendeten Werk zu erfreuen – an unserer neuen Kreatur – und uns als diejenigen, die wir jetzt sind „entsprechend zu benehmen“ (auf unserem Glaubensweg). Die wahre Torah sagt uns – so wie der Spiegel – wie wir „aussehen“. Das heisst, sie sagt uns, welches Benehmen mit ihr in Einklang zu dem steht, wer wir jetzt sind: die Gerechtigkeit Gottes im Messias! (Römer 5, 19)

Mit der Torah lehrt Gott die Menschen über Gerechtigkeit, was das genau ist, und wie es sich damit verhält. Der wahre Gläubige (jeder der durch das Blut des Lammes erlöst ist) handelt nicht, damit er etwas wird. Er handelt, weil er das ist, was Gott aus ihm gemacht hat – die Gerechtigkeit Gottes im Messias. Deshalb schreibt Ja'akov: „Ich will dir meinen Glauben zeigen aus meinen Werken.“ (Jakobus 2, 18) Die wahre Torah ist der Weg des Glaubens – Glauben und Stillesein im vollendeten Werk des Messias. „Denn so spricht Gott der Herr, der Heilige Israels: Wenn ihr umkehrtet und stille bliebet, so würde euch geholfen; durch Stillesein und Hoffen würdet ihr stark sein. Aber ihr wollt nicht.“ (Jesaja 30, 15) Anstelle von: „Denn sie erkennen die Gerechtigkeit nicht, die Gottes ist, und trachten, ihre eigene Gerechtigkeit aufzurichten, und sind so der Gerechtigkeit Gottes nicht untertan.“ (Römer 10, 3)

Diese Worte von Rav Scha'ul fassen vollständig zusammen, weshalb und wie der Mensch die wahre Torah Gottes in ein leistungsorientiertes System verdrehte und glaubt, er könne dadurch seine eigene Gerechtigkeit aufbauen. Lesen Sie noch einmal die Worte des Rabbi und denken Sie sorgfältig darüber nach:

„Denn sie erkennen die Gerechtigkeit nicht, die Gottes ist, und trachten, ihre eigene Gerechtigkeit aufzurichten, und sind so der Gerechtigkeit Gottes nicht untertan.“

Ja'akov begreift dies völlig und erklärt: „Ich will dir meinen Glauben zeigen aus meinen Werken.“ (Jakobus 2, 18) „Wenn aber ein Mensch Einblick hat in die vollkommene Torah“ – in was sieht er? – „die vollkommene Torah, die Freiheit schenkt,“ – die was gibt? Freiheit! Freiheit zu was? Die Freiheit sein zu dürfen, wer wir jetzt sind! – „und dabei bleibt und nicht nur ein vergesslicher Hörer, sondern ein Täter des Werkes ist, das sie verlangt, dann wird er gesegnet sein in dem was er tut.“ (Jakobus 1, 25, mit unseren Bemerkungen dazu.)

Es gibt eine Gerechtigkeit, die von der Torah kommt (Römer 10, 5). Dies ist eine Gerechtigkeit, die uns in Gott gehört (Römer 10, 3) und aus dem Glauben kommt (Römer 10, 6). Dies ist die Gute Nachricht von Römer 10, 16. Jedoch nahmen nicht alle Israeliten die Gute Nachricht an. Statt dessen haben sie und die Menschheit jahrhundertelang den Ausdruck des „Gesetzes“ entwickelt. Wie wir gesehen haben, ist eine auf Leistung basierende Akzeptanz eine schädliche, theologische Idee in sich selbst.

Bessere Traditionen aufbauen

„So spricht der Herr: Tretet hin an die Wege und schauet und fragt nach den Wegen der Vorzeit, welches der gute Weg sei, und wandelt darin, so werdet ihr Ruhe finden für eure Seele! Aber sie sprechen: Wir wollen's nicht tun!“ (Jeremia 6, 16) Die wahre Torah „ist ein Baum des Lebens allen, die sie ergreifen, und gesegnet sind, die sie festhalten. Langes Leben ist in ihrer rechten Hand, in ihrer Linken ist Reichtum und Ehre. Ihre Wege sind liebliche Wege, und alle ihre Steige sind Frieden.“ (Sprüche 3, 16 – 18) Wenn die Worte des Lebens (die wahre Torah) in ein „Gesetz“ verwandelt werden, dann hören sie auf, Worte des Lebens zu sein. Lasst uns hier ganz deutlich werden! Streben und Abmühen sind die Erkennungszeichen von Satans' Reich. In Freude verweilen und ausruhen sind die Erkennungszeichen von Gottes Reich.

Würde sich bitte die wahre Torah erheben?

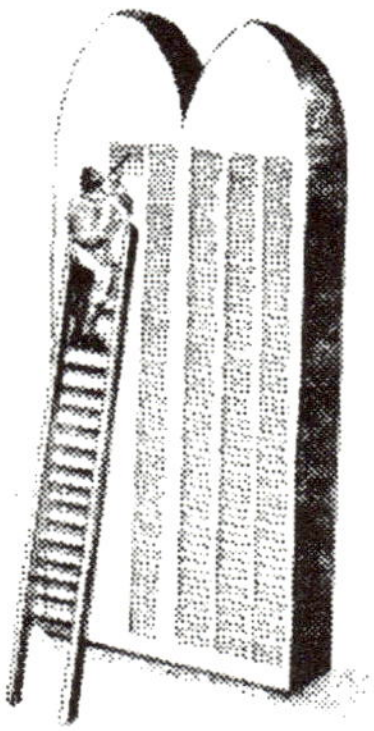

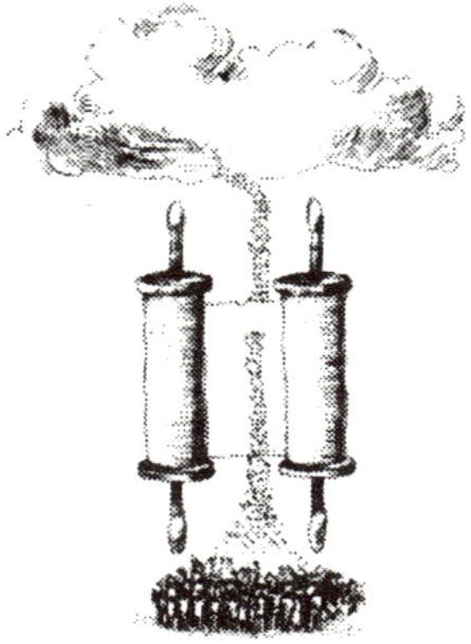

Epilog

Epilog

Wir würden das Buch gerne mit einigen persönlichen Worten an diese zwei verschiedenen Gruppen beenden: die jüdischen und nicht-jüdischen Gläubigen an Jeschua.

An das „Volk des Buches"

Das ist schon richtig so, denn so werden wir jüdische Menschen genannt. Durch die Jahrhunderte hindurch wurden wir das *Volk des Buches* genannt. Welches Buch? Welches andere Buch als die Torah war je solch eine Quelle der Stärke und des Trostes für unser Volk? Welches andere Buch hat uns je als ein solches Wissenschaftswerk gedient und gab uns eine Identität als Nation und als ein Volk? Welches Buch war denn das Objekt des Studiums für unsere Weisen, Schuhmacher, Näher und Schullehrer wie die Torah?

Wenn die Torah immer schon das Buch war, das unser Volk in der Vergangenheit zusammengehalten hat, wieviel mehr sollte sie uns, dem Überrest der von Gnade Auserwählten, bedeuten, die wir an den Messias glauben? Dies war auch Sein Buch! Die Torah war ebenso das Buch aller Seiner frühen Nachfolger. Es war das Buch, das die Basis aller Seiner Lehren bildete, so wie es auch die Brit Chadascha widerspiegelt. Sie ist übrigens der beste Kommentar zur Torah, der je geschrieben wurde, und der einzige, der das inspirierte Wort Gottes ist.

Wir haben gesehen, wie theologischer Irrtum und Fehlinterpretationen der Brit Chadascha im besten Fall zu einer richtiggehenden Vernachlässigung der Torah, und im schlimmsten Fall zu einer halsstarrigen Ablehnung derselben geführt haben. Lasst uns nun versuchen das zu tun, was bisher keine andere Generation getan hat. Lasst uns die erste Generation von jüdischen Gläubigen sein, die sich seit den frühen Tagen unserer Geschichte wieder an die tränendurchnässten Seiten unserer Geschichte zurückwendet und wieder dem Bündnis nachfolgt, das der Ewige mit Mosche Rabbenu gemacht hat. Lasst uns anfangen, treu den heiligen Ehebund auszuleben, welchen der Himmlische Bräutigam unterschrieb, versiegelte und unseren Vorvätern in der Wildnis des Sinai übergab. Wir sind schliesslich Seine Braut! Wir sind erlöst! Wir sind Seine Kreaturen! Wir haben den Geist Gottes, der uns die Kraft gibt, Seine Worte des Lebens auszuleben!

Eines unserer Ziele im Schreiben dieses Buches ist es, die jüdischen Gläubigen aufzurütteln, speziell im Sinne einer Anregung und Verantwortung zur Nachfolge der Torah, wie es in den Seiten der Heiligen Rollen geschrieben steht. Dies ist keine halachische Abhandlung. Es ist ein Buch zur grundlegenden Natur der Torah und soll darauf abzielen, uns daran zu erinnern, wer wir sind, als Volk, das an Jeschua glaubt. Möge es Sie anspornen, mehr zu lernen und weiter zu arbeiten, so dass eine messianisch-jüdische Halacha entsteht, welche sowohl die Brit Chadascha wie auch die Torah berücksichtigt. Wir hoffen, dass diesbezüglich noch viel mehr Bände geschrieben werden. Und noch viel mehr hoffen wir, eine Veränderung in vielen jüdischen Gläubigen zu sehen und ihren Wandel als neue Kreaturen, deren Leben sowohl die Anleitungen der Torah wie auch die der Brit Chadascha widerspiegeln, und die den Weg gehen, den Gott seit jeher mit uns vorhatte – den Weg von Jeschua dem Messias, der lebendigen Torah. Warum? Weil es das ist, was wir eigentlich sind!

An die Eingepfropften

Es ist eines unserer Ziele, für Sie die theologische Gültigkeit des sich nach der Torah richtenden Lebensstils für die Gläubigen in Jeschua zu verdeutlichen. Wenn Sie denken, dass dies wenig mit Ihnen zu tun hat, dann ermutigen Sie wenigstens Ihre jüdischen Geschwister, dem heiligen Bündnis nachzufolgen, das ihnen aus Gnade gegeben wurde.

Wir meinen jedoch, dass die Torah sehr viel mit Ihnen zu tun hat. Wir möchten, dass Sie verstehen, dass die Torah (wie auch der Rest des Tanach) die Basis für alle Lehren bildet, die wir in der Brit Chadascha finden. Aufgrund fortschreitender Offenbarung erklärt die Brit Chadascha ferner vollständig alle Kernbegriffe, die wir in der Torah finden. Kurz gesagt, waren diese zwei nicht als Gegensätze gedacht, sondern damit sie zusammenpassen – wie der Schlüssel ins Schlüsselloch.

Wir hoffen, dass wir Ihnen verdeutlichen konnten, dass die Torah nie als ein Erlösungsdokument gedacht war. Statt dessen ist sie vom Ewigen als Basis für einen erlösten Lebensstil der heiligen Gemeinde Gottes entworfen worden. Wir haben klar gezeigt, dass dort, wo die Torah als Mittel zur Erlösung benutzt wurde, sie nur noch diese eine einzige Aufgabe wahrnehmen kann: nämlich den Menschen zu verdammen, indem sie seine Sünde aufdeckt und sein Bedürfnis für einen sühnenden Messias.

Welche Rolle spielen Sie hierbei? Sie treffen die Entscheidung. Hier sind die Tatsachen, die Sie selbst betreffen: Sie sind eine neue Kreatur in Jeschua. Das bedeutet nach Jeremia 31, 33, dass die Torah auf das Herz Ihrer neuen Kreatur geschrieben ist. Ferner ist der Messias, der in Ihnen lebt, die Torah selbst. Wenn Sein Leben durch den Menschen ausgelebt wird, dann wird dies ein nach der Torah orientierter Lebensstil. Das Leben des Messias in Ihnen bedeutet, dass die lebendige Torah Sein Leben durch Sie auf der Erde auslebt.

Wenn Sie eine neue Kreatur im Messias sind, dann „sind diese Worte [die Torah wie sie auf dem Berg Sinai gegeben wurde] nicht leere Worte an euch, sondern es ist euer Leben." (5. Mose 32, 47). Genau wie Jeschua Ihr Leben ist, so sind auch die Worte der Torah Ihr Leben. Wie ist so etwas möglich? Es ist das Einzige, das wahr sein kann. Denn die geschriebene Torah und die lebendige Torah sind ein und dieselbe! „Und die Torah (das Wort) ward Fleisch und wohnte unter uns..." (Johannes 1, 14 mit unserer Umschreibung).

Wenn wir nun sagen: „Möge die wahre Torah aufstehen", möchten wir Sie mit folgendem Gedanken belassen: während Sie die Torah ausleben, wird der Messias selbst in Ihnen aufstehen und durch Sie für alle sichtbar sein. Wenn diejenigen um Sie herum Ihn gesehen haben, dann haben sie den Vater gesehen (Johannes 14, 9). Denken Sie daran: Die geschriebene und auch die lebendige Torah ist eine Offenbarung der Gerechtigkeit Gottes an die Menschen. Die Torah zu ergreifen, zu umarmen und sie auszuleben erlauben es dem Messias selbst – der wahren Torah – aufzustehen!

Ferner ist zu sagen: Sie sind nicht jüdisch, wenn Ihre familiären Vorfahren nicht durch Isaak und Jakob auf Abraham zurückverfolgt werden können. Andererseits sagt uns Rav Scha'ul im Römer 11 und Epheser 2, dass nicht-jüdische Gläubige in Jeschua „eingepfropft sind" in „das Bürgerrecht von Israel". Somit geben die Lehren, die Israel eine nationale Identität erteilen, unter anderem ganz sicher auch Ihnen eine Identität.

Es ist wichtig, die Weisheit der frühesten Nachfolger Jeschuas aus Apostelgeschichte 15 zu beachten. Als sie sich in Jerusalem zu einer Beratung versammelten, wussten sie, dass es gar nicht nötig oder weise wäre, einen sofortigen und vollständig nach der Torah ausgerichteten Lebensstil von denjenigen zu verlangen, die neu dabei waren, wie zum Beispiel die neuen Gläubigen aus den Heiden. Statt dessen waren Sie sich völlig im Klaren darüber, dass sich diese neuen Gläubigen an jedem Schabbat in jeder Woche in der Synagoge sammeln würden. Dort würden sie Anleitungen für ihren Lebensstil als neue Kreatur durch das Lesen und Lehren der Torah hören und erlernen. Sie kannten die Lehre ihres Herrn. „Meine Schafe hören Meine Stimme und sie folgen Mir... Ich habe noch andere Schafe, die sind nicht aus diesem Stalle [dem jüdischen Schafstall]; und auch diese [die Auserwählten unter den Heiden] muss ich herführen; und auch sie werden Meine Stimme hören, und sie werden zu einer Herde mit einem Hirten werden. (Johannes 10, 16 + 27, mit unseren Erklärungen.)

Ein Leben – Sein Leben! Ein Lebensstil – die Gerechtigkeit Gottes! Wenn wir die Torah richtig verstehen – wie kann ihr wirklich jemand widerstehen? Wer würde schon gerne auf die Freuden von Pesach und Sukkot verzichten? Wer würde schon gerne auf die Segnungen beim Darstellen von tiefen biblischen Symbolen verzichten wollen: dem Anbringen einer Mesusa oder dem Tragen der Schaufäden? Wer würde je einem wahren Gläubigen die Privilegien der Segnungen verweigern wollen, die sich aus der Torahnachfolge ergeben?

Und sind wir nicht ebenso alle zusammen mit Rav Scha'ul derselben Meinung, dass die Torah „von Gott eingegeben ist, Nütze zur Lehre, zur Aufdeckung der Schuld, zur Besserung, zur Erziehung in der Gerechtigkeit, dass ein Mensch Gottes sei vollkommen, zu allem guten Werk geschickt"? Die meisten nehmen an, dass 2. Timotheus 3, 16 + 17 die Brit Chadascha damit meint. In Wirklichkeit aber war der Tanach – der auch die Torah beinhaltet – die einzige Heilige Schrift, die Scha'ul zur Verfügung stand. Die Brit Chadascha war damals noch gar nicht zusammengestellt!

Beginnen Sie nun zu verstehen, dass Sie eine viel besser anwendbare Beziehung zur Torah haben, als Sie es je dachten? Graben Sie tiefer! Folgen Sie ihr mehr und mehr und sehen Sie, um wie vieles sie Ihr Leben bereichern kann.

An alle

Wenn die Torahrolle am Sabbatgottesdienst aus dem Torahschrein gehoben wird, lobt die Gemeinde Gott, während sie in einem Paradezug durch die Gemeinde getragen wird, weil Er ihnen solch eine Offenbarung gegeben hat. Danach wird sie gelesen und studiert. Jedoch kurz bevor sie dann bis zum nächsten Gottesdienst wieder weggeräumt wird, hebt jemand die Torah hoch in die Höhe, so dass sie alle sehen können, und so als würde er seine Hände in Anbetung zum Ewigen erheben. Während er dies tut, singt die ganze Gemeinde:

„Dies ist die Lehre, die Mosche vor die Kinder Israel gelegt, auf Befehl Gottes durch Mosche. *Ein Baum des Lebens ist sie denen, die an ihr festhalten, wer sie ergreift ist glücklich. Ihre Wege sind Wege der Lieblichkeit, alle ihre Pfade sind Frieden...*"

Wodurch ist die Torah denn „ein Baum des Lebens"? Es war die Absicht dieses Buches, Ihnen eine Grundlage zu geben, mit der wir dieses Geheimnis entdecken können. Mit Gottes Hilfe werden weitere Bände folgen, welche mehr aus dieser geistlichen Goldmine ans Tageslicht bringen werden. Wir hoffen auch, bald Studienmaterial für Gruppenarbeiten herauszugeben, um denjenigen unter Ihnen zu helfen, die gerne in diesem „Baum des Lebens" die Worte des Lebens für die Erlösten entdecken möchten.

Vor Jahren machte der Hohepriester Hilkia die Wiederentdeckung der Torah, während er in dem Heiligen Haus Gottes herumstöberte. Dort fand er sie, tief in den Begrenzungen des Tempels. Auch wir können diesen selben Schatz auf dem gleichen Weg tief in den Begrenzungen des Tempels unseres Herzens der neuen Kreatur wiederentdecken. „Wir haben aber solchen Schatz in irdenen Gefässen, auf dass die überschwängliche Kraft sei Gottes und nicht von uns." (2. Korinther 4, 7) Ja, er ist vorhanden und vom Geist Gottes für immer in unsere Herzen eingraviert. Sehen Sie einfach mal nach, und Sie werden es bei sich selbst wiederentdecken. Wenn Sie dies tun, dann werden Sie die Torah vielleicht so sehen, wie sie wahrhaftig ist: die geschriebene Offenbarung eines Lebens aus der Gnade im Messias, und eine lebendige Verkörperung auf ihren Seiten.

„... Ich habe euch Leben und Tod vorgelegt, damit du das Leben erwählst...“

5. Mose 30, 19

Leben
durch
eigene Wahl

Die Torah offenbart die Wahrheit, zeigt uns den Unterschied zwischen heilig und unheilig, rein und unrein und zwischen Leben und Tod.

Deshalb ist sie die Gnade Gottes.

Umarmen Sie die Güte Gottes für Ihr Leben.

Anhänge

Anhang A
Wie man Torah lernt und lehrt

Einer unserer Wünsche beim Schreiben dieses Buches war es, Sie dazu anzuregen, ein ganz persönliches Studium der Torah – der ersten fünf Büchern der Bibel – anzufangen. Wenn Sie dann einmal Ihr Studium beginnen, dann werden Sie sehr bald feststellen, was jeder, der versuchte, die Wahrheit in der Torah zu erlernen, bereits entdeckte: Es ist nicht leicht! Das Ziel dieses Anhangs ist es, Ihnen auf Ihrem Weg mit einigen wichtigen Hinweisen zu helfen, die Ihr Studium einfacher und lohnender machen sollen.

Wir haben diesen Abschnitt für Sie in drei verschiedene Informationsgruppen eingeteilt. Die erste ist ein Satz von Prinzipien, die Ihnen helfen werden, die Torah korrekter auszulegen. Gelehrte nennen dieses Studium *Hermeneutik* – das Studium über richtige Auslegung. Der zweite Teil dieses Abschnitts handelt von praktischen Methoden, die Ihnen helfen werden, Ihre Studien besser zu organisieren. Ebenso wird er Ihnen helfen, besser ausgerüstet zu sein, um Ihre Ergebnisse anderen mitteilen zu können. Im letzten Teil werden wir Ihnen einige Vorschläge über Studienhilfen machen, die Ihnen am meisten dabei helfen können.

Wie man die Torah interpretieren sollte

Wenn wir lernen möchten, die Torah zu verstehen, müssen wir mehrere Ziele im Kopf haben. Wir werden sie in einer nicht sortierten Reihenfolge auflisten, denn jedes einzelne ist wirklich genauso wichtig wie das andere.

Aufbauen und ausgerüstet werden

Das erste Ziel ist es, den Mann und die Frau Gottes weiter auszubilden. Einer der grössten Torah-Gelehrten, Scha'ul von Tarsus, schrieb folgende Anleitung an einen seiner Studenten, als er ihn für den Dienst ausbildete im 2. Timotheus 3, 16:

„Denn alle Schrift, von Gott eingegeben, ist nütze zur Lehre, zur Aufdeckung der Schuld, zur Besserung, zur Erziehung in der Gerechtigkeit, dass ein Mensch Gottes sei vollkommen, zu allem guten Werk geschickt."

Als Scha'ul schrieb, dass „alle" Schrift einen Nutzen im Leben der Gläubigen hat, schloss er hier auch die Torah mit ein. Deshalb ist die Torah – zusammen mit dem Rest der Heiligen Schrift – nütze zur Lehre, zur Aufdeckung der Schuld, zur Besserung und zur Erziehung der Menschen in der Gerechtigkeit. Schlussendlich ist es das Ziel aller dieser Dinge, dass das Volk Gottes aufgebaut und vollständig ausgerüstet wird, um Gott zu dienen.

Den Messias sehen

Das zweite Ziel beim Studium der Torah ist es, den Messias in ihren Seiten klar zu erkennen. Denken Sie an Lukas 24. Dieses Kapitel erstellt für uns einen Schlüssel von hermeneutischen Prinzipien, mit dem wir besser auf die Torah zuschreiten können. Hier fordert uns Jeschua auf, speziell in die Torah zu blicken, um Ihn sehen zu können.

> „Und fing an bei Mosche und allen Propheten und legte ihnen in der ganzen Schrift aus, was darin von Ihm gesagt war." (Lukas 24, 27)

Als ich anfing, in jeder Parascha nach Jeschua zu suchen, machte ich mir anfänglich Sorgen, dass ich auf einen allzu gesetzlichen Teil treffen würde, in dem ich Jeschua nirgends finden könnte. Sehr zu meiner Überraschung hatte ich jedoch sogar Mühe aufzuhören, nachdem ich mit dieser Arbeit einmal begonnen hatte! Ich habe herausgefunden, dass die Person und das Werk des Messias auch in den technisch noch so schwierigen Abschnitten der Torah erkennbar sind. Und je mehr wir Ihn sehen, desto mehr können wir Ihn anbeten.

Andere lehren

Das letzte Ziel, das wir erwähnen werden, ist natürlich die Torah den anderen zu lehren. Das heisst, dass Sie nicht nur eine Methode des Selbststudiums lernen sollten, sondern auch eine Methode, die es Ihnen ermöglicht, all Ihre Entdeckungen in der Torah in ein schönes nettes Paket zu wickeln, um es dann an jemand anderen weitergeben zu können.

Halten Sie die Regeln ein!

Es gibt allgemein akzeptierte Regeln zur fachgerechten Auslegung der Heiligen Schrift. Diese Regeln gelten auch für die Torah. Für eine viel ausführlichere Erklärung jeder einzelnen Regel können Sie ganz leicht verschiedene Buchtypen zum besseren Bibelverständnis kaufen. Wir empfehlen Ihnen sehr, dies zu tun.

Bevor wir einige der wichtigsten hermeneutischen Regeln nennen, müssen wir einen bedeutenden Punkt klarstellen. Manchmal gibt es äusserst unterschiedliche Meinungen zwischen evangelikalen und rabbinischen Regeln der Auslegung. Sicher, es gibt auch wichtige Ähnlichkeiten. Nehmen Sie zum Beispiel Ihre Sidur zur Hand und sehen Sie nach unter „Rabbi Ischmael's 13 Rules of Interpretation" (ab S. 49 der *Ashkenaz Complete Art Scroll Siddur Kol Yakov*). Oder sehen Sie sich die „32 Principles of Interpretation" von Rabbi Eleazar an. Beide Listen beinhalten viele biblische Regeln der Auslegung, die von beiden Gruppen akzeptiert werden – und so sollte es ja auch sein.

Manchmal gibt es jedoch auch deutliche Unterschiede. Zum Beispiel halten die Rabbis das Benützen der Gematria für eine gültige und wichtige Regel des Auslegens. Gematria ist ein Vorgang, bei dem die Zahlenwerte von Worten und Buchstaben aus der Torah zusammengezählt werden, um daraus eine Bedeutung zu finden. Meistens ist es nicht so einfach, wie es diese Definition den Anschein haben lässt. Das Anwenden der Gematria kann wirklich extrem verschlungen und manchmal willkürlich sein. Aus diesem Grund empfehlen wir keinem Studenten der Torah, Entdeckungen aus der Gematria als berechtigte Auslegungen anzusehen.

Zusätzlich zur Gematria versuchen die Rabbis auch allegorische oder „versteckte Bedeutungen" des Textes in der Torah zu finden. (Dies wird manchmal auch als „einen *Midrasch* machen" bezeichnet). Noch einmal: Weil diese „versteckten Bedeutungen" ebenso eher spekulativ sein können, empfehlen wir es keinem ernsthaften Schüler der Torah, diese midraschische Methode der Auslegung zu praktizieren.

Ganz sicher können sowohl Funde in der Gematria wie auch im Midrasch manchmal äusserst faszinierend sein. Meistens beabsichtigen diejenigen, die solche Methoden anwenden, zu einer ergiebigeren Bedeutung des Textes beizutragen. Aufgrund der obengenannten Erklärungen schlagen wir den Schülern jedoch vor, dass es das Studium der Torah nicht von ihnen verlangt, diese zu benützen. Die Torah ist auch ohne das Benützen solcher Methoden voll von tiefen und wunderschönen Bedeutungen.

Abgesehen von all diesen Warnungen wenden wir uns nun der Liste von einigen der wichtigsten hermeneutischen Regeln zu, die der Torah Schüler anwenden sollte.

1. Verlassen Sie sich auf den Geist Gottes als Ihren Lehrer

Bevor wir anfangen, etwas in der Torah zu lernen, beginnen wir oft mit unserem Lieblingsgebet – einem Zitat aus Psalm 119, 18, welches sagt: „Öffne mir die Augen, dass ich sehe die Wunder an Deiner Torah." Wir müssen daran denken, dass dies Gottes Worte sind. Somit kann auch nur Gott durch Seinen Geist bewirken, dass wir sie verstehen, wenn wir sie studieren.

2. Finden Sie heraus, welche Art von Literatur Sie zum Studium benützen

Die fünf Bücher der Torah beinhalten so gut wie alle vorstellbaren Literaturarten, einschliesslich *geschichtlicher Erzählung, rechtlicher Materie, Gedichte und Lieder.* Als Schüler der Torah müssen wir uns bewusst sein, welche Art von Literatur wir studieren. Zum Beispiel würde die Art, wie wir die Geschichte von Abraham aus 1. Mose 12 auslegen, etwas anders ausfallen als die Art, wie wir die Reinheitsregeln vom 3. Mose 11 und 12 auslegen. Somit wird also der Literaturtyp, den wir studieren, auch entscheiden, wie wir es studieren.

3. Wir müssen Experten des Textes werden

Das bedeutet Verschiedenes: Erstens und vor allem bedeutet es, dass wir umfassendst mit dem Inhalt des Textes vertraut werden müssen. Wir wissen, dass es wie eine langweilige Übung klingt, aber bevor wir irgendeine Art von Auslegung des Textes versuchen, müssen wir ihn mehrmals lesen, damit wir ganz sicher keinerlei noch so wichtige Einzelheiten im Abschnitt übersehen. Einen der Fehler, den man beim Auslegen der

Heiligen Schrift – besonders der Torah – machen kann, ist es, dies zu schnell zu tun. In unserer Eile verpassen wir einfach zu viele wichtige Einzelheiten des Abschnitts. Kurz gesagt: Wir müssen uns in der feinen Kunst von sorgfältiger Betrachtung schulen.

Es war einmal im Biologieunterricht bei Professor Aziz. Einer seiner Schüler wollte gerne einmal ein grosser Wissenschaftler werden. Zum Unterrichtsbeginn knallte ihm der Professor einen Fisch auf den Tisch und sagte: „Hier ist ein Fisch. Untersuche ihn!“ Als der Schüler eine halbe Stunde lang einige seiner Betrachtungen auf einer Seite Papier notiert hatte, gab er dem Professor die Liste. Nachdem dieser sie gelesen hatte, murrte der weise Lehrer: „Gute Arbeit, aber du hast ja kaum angefangen. Geh zurück zum Fisch und untersuche ihn noch mehr.“

Mehrere Stunden vergingen und der junge Schüler schrieb mehr und mehr Einzelheiten auf. Er brachte seine Ergebnisse ein zweites Mal zum Professor, der ihm daraufhin antwortete: „Das ist grossartig, aber du hast nur die Oberfläche berührt! Wie wär's, wenn du den Fisch jetzt *richtig* anschaust?“

Die Stunden vergingen, ein Tag ging vorbei, dann mehrere Tage, bis der Schüler noch einmal zum Professor zurückkam. Diesmal brachte er ihm nahezu ein Buch voller Befunde über jedes einzelne Detail des Fisches. Er beschrieb die Art, wie sich jede einzelne Flosse des Fisches legt und rollt, die verschiedenen Farbschattierungen der Schuppen, die Beschaffenheit seiner Schwanzflosse und viele weitere Besonderheiten, die er sorgfältig festgehalten hatte. Der Professor sah jetzt schon einiges zufriedener aus, und er sagte seinem Schüler, dass er die Fertigkeit der sorgfältigen Betrachtung nun doch noch zu lernen angefangen hatte. Seine ersehnte Laufbahn als Wissenschaftler hatte gerade erst angefangen!

Die Pointe dieser Geschichte ist ganz klar. Auch wir sind solche Schüler, die eine Wissenschaft erlernen möchten. Unser „Studienfach“ ist die Heilige Schrift. Wenn ein Professor von seinen Schülern verlangen kann, in ihren Beobachtungen über einen

Fisch sorgfältig zu sein, dann würde sich der Weise Lehrer selbst ganz sicher auch wünschen, dass wir sogar noch genauere Betrachtungen anstellen von dem, was Er in der Torah – wie auch dem ganzen Rest des Wortes Gottes – über sich selbst geschrieben hat.

Es gibt sechs Schlüsselworte, die uns helfen werden, unsere Fertigkeit in der Wahrnehmung zu verbessern. Bei jedem Text, der uns in der Torah gegeben wird, müssen wir folgende Fragen stellen: wer, was, wo, wann, warum und wie. Diese Fragen werden uns helfen, die Einzelheiten aus jedem Abschnitt ans Tageslicht zu bringen.

Diejenigen, die *einleitende* Methoden des Bibelstudiums unterrichten (was im Grunde genau das ist, was wir hier unterstützen), nennen dies das Beobachtungsstadium unseres Studiums. Bevor wir anfangen uns zu entscheiden, was dieser Abschnitt bedeutet, müssen wir zuerst wissen, was er sagt.

4. Der Zusammenhang

Bei der Auslegung jeglicher Art von Literatur ist es eines der grundlegendsten Regeln, den Zusammenhang zu beachten. Dies gilt ganz besonders für die Torah. Sogar bei den sogenannten „Lehrabschnitten" lässt sich irgendein wichtiger Zusammenhang finden. Achten Sie darauf, und versuchen Sie den Zusammenhang für jeden einzelnen Abschnitt, den Sie lesen, herauszufinden.

Es gibt mehrere Arten von Zusammenhang. Zuerst ist da der Zusammenhang des ganzen *Buches.* Wenn wir zum Beispiel das 1. Buch Mose studieren und wir treffen dann auf einen Lehrabschnitt, müssen wir daran denken, dass das 1. Buch Mose eigentlich eine geschichtliche Erzählung ist. Wir müssen die Anweisungen verstehen und diese dann, während sich die Geschichte entfaltet, im Zusammenhang des ganzen Buches sehen. Wenn wir einen Abschnitt mit Weisungen studieren, wie das 3. Buch Mose, das sehr wenig geschichtliche Erzählung enthält, dann müssen wir ausserdem an die Möglichkeit denken, dass Gott diese Anweisungen aufgrund von geschichtlichen Begebenheiten im Leben Israels gibt, welche entweder zur Korrektur oder zu weiteren Anweisungen führten.

Zweitens gibt es den *Absatz* oder *Abschnitt,* in dem sich unser Text befindet. So ist zum Beispiel einer der Gründe, weshalb das Kapitel 16 im 3. Buch Mose geschrieben wurde derjenige, um sie über das Blut und die Opfer von Jom Kippur zu belehren. Der andere Grund war jedoch auch, um Israel daran zu erinnern, wer sich Gott nähern durfte und wie dies zu geschehen hatte. Diese Anweisungen waren nötig gewesen, um zu verhindern, dass sich ein solcher Vorfall wie derjenige von Nadav und Avihu (Nadab und Abihu) nicht noch einmal wiederholen würde.

Und schliesslich gibt es noch den *unmittelbaren Zusammenhang.* Dies ist die Handlung, die kurz vor oder nach dem Abschnitt kommt, den wir gerade erforschen. Die ganze Bedeutung eines Textes kann verloren gehen, nur weil es der Lernende versäumt hat, den unmittelbaren Zusammenhang zu beachten. Kurz gesagt, es ist zu unseren Gunsten, die Zusammenhänge von allen Abschnitten, die wir studieren möchten, aufs Genaueste zu beachten.

Und noch einen weiteren Punkt: Denken Sie daran, dass sowohl die Unterteilung der Kapitel und der Verse, wie auch die der wöchentlichen Parascha-Abschnitte von Menschen gemacht wurden! Das bedeutet, dass Sie eine dieser drei Unterteilungen aus der Bahn werfen kann, während Sie versuchen, den Zusammenhang festzustellen. Achten Sie also auch darauf. Lassen Sie sich durch Menschen gemachte Unterteilungen eines Textes in der Torah in Ihrem Verständnis eines Abschnitts nichts vorschreiben.

5. Verstehen Sie den Text im ursprünglichen Sinn; vermeiden Sie die Versuchung zu versinnbildlichen

Wir möchten Sie dazu anleiten, den Text im ursprünglichen Sinn zu sehen. Damit wollen wir sagen, wenn man sich zum

Beispiel mit der Dichtkunst beschäftigt, dann ist es uns erlaubt, nach symbolischen Bedeutungen zu suchen. Ansonsten aber ist der Text wörtlich gemeint und soll auch so verstanden werden. Wenn es zum Beispiel heisst: „Ich bin der Herr, euer Gott, der euch aus Ägypten geführt hat; ihr seid mein Volk Israel, und ich werde euch in das Land Kanaan führen", dann sollen wir dies nicht als eine Herausforderung verstehen, die Welt zu erobern, oder gar um zu noch grösseren Abenteuern für Gott aufzubrechen! Im Gegenteil, der Abschnitt spricht von einem wahrhaftigen Gott, einer leibhaftigen Gruppe von Menschen, die Israeli genannt werden, und davon dass Er sie in ein wirkliches Stück Land führen wird, welches zur damaligen Zeit Kanaan genannt wurde.

Dies sollte auch für die sogenannten gesetzlichen Teile angewendet werden. Als Gott zum Beispiel sagte, es soll ein Zaun um das Dach des Hauses gezogen werden, dann meint Er damit nicht, dass wir Zäune bauen sollen, um die Torah zu beschützen! Was hier wirklich wörtlich gemeint ist, wäre eine schützende Einzäunung um das Dach eines Hauses, damit die Menschen nicht herunterfallen können. (In diesem Teil der Welt hatten die meisten Häuser Flachdächer, auf denen sich die Menschen gerne versammelten). Wir haben zu diesem Zeitpunkt keine Erlaubnis, über die ursprüngliche und wörtliche Bedeutung des Textes hinaus zu gehen.

Zu diesem Prinzip gehört es auch, die beabsichtigte Bedeutung des Abschnitts festzustellen. Da Mosche der Verfasser der Torah war, müssen wir versuchen, uns in ihn hineinzuversetzen, während er sie schrieb – auch dann wenn wir uns bemühen, den Grund herauszufinden, warum uns der Herr diese oder jene Lehre gab.

Vielleicht können wir hier etwas Wichtiges klarstellen: Es ist ein sehr grosser Unterschied, ob wir sagen: „Der Abschnitt bedeutet dieses oder jenes" oder, ob wir sagen: "Dieser Abschnitt *kann zur Veranschaulichung* von diesem oder jenem *dienen.*" Die erste Aussage schreibt dem Abschnitt eine spezielle Bedeutung zu. Die zweite sagt lediglich, dass uns der Abschnitt helfen könnte, einen anderen Abschnitt oder Begriff besser zu verstehen.

Wir können nur dann sagen, dass ein bestimmter Abschnitt etwas Gewisses bedeutet, wenn wir seine ursprüngliche und von Gott gemeinte Bedeutung durch eine sorgfältige Untersuchung und Anwendung des Zusammenhangs aufs Genaueste festgestellt haben. Wir können jedoch fast jeden Abschnitt dazu benützen, um ein geistliches Prinzip darzustellen, ohne es dabei als das ursprüngliche Ziel dieses Abschnitts zu erklären.

Lasst uns zum Beispiel den Abschnitt ansehen, der die Gewänder und Farben des Hohenpriesters beschreibt, die er trug. Der Text nennt uns weder eine symbolische Bedeutung dieser Farben noch dass die Farben überhaupt eine symbolische Bedeutung hatten. Auszusagen, dass diese Farben *X, Y* oder *Z* bedeuten, heisst: eine *Vergeistlichung* zu praktizieren. Es ist uns jedoch erlaubt, wenn wir sagen, dass jede Farbe als eine Darstellung von etwas angesehen werden kann, das unser Leben im Messias betrifft (das Blau erinnert an das Königtum, dem Weiss liegt die Reinheit nahe und so weiter). Anstatt der definitiven Äusserung, dass wir den Gewändern des Hohenpriesters eine symbolische Bedeutung zuweisen, sagen wir jetzt nur, dass sie bestimmte geistliche Wahrheiten ganz treffend veranschaulichen können. Erkennen Sie den Unterschied?

Wenn wir versuchen, einen Abschnitt der Heiligen Schrift auf unser Leben anzuwenden, vergeistlichen oder versymbolisieren wir ihn oft. Die praktische Anwendung sollte jedoch der letzte Schritt in unserem Studium eines Abschnitts sein. Wenn die Zeit kommt, um den Abschnitt auf unser Leben anzuwenden, machen wir im Umgang damit oft einen unehrlichen Fehler. Wir können die Fehler am besten durch ein Beispiel erklären. Lasst uns zum Beispiel Josua betrachten: In einer so typischen Art würden viele Leute so etwas sagen wie: „Wir sind alle Josuas. Wir sind in den Tagen Josuas. Wir alle können das Land für den Herrn einnehmen."

Nur leider sind solche Lehren dem Text gegenüber unehrlich. Wir heissen nicht alle Josua. Und noch mehr: Wer sagt denn, dass wir in den Tagen Josuas leben? Fahren wir auf Pferdewagen um zu kämpfen? Leben die Kanaaniter um uns herum? Ferner: Gab Gott uns allen den Auftrag, Schwerter zu nehmen, eine Armee aufzustellen und Deutschland, Südafrika, die USA – oder wo auch immer wir leben – zu erobern?

Wir *können* jedoch sagen: „So wie es *war* in den Tagen Josuas, so *auch* in unseren Tagen...“. Die Schlüsselwörter, die wir anwenden wollen, sind: *„so wie“* und *„so auch“*. Wir können viele Beispiele von dem, was Gott in den Tagen Josuas getan hat hinzuziehen, um zu zeigen, was Er heute tun kann.

Wir wissen, dass dieser Punkt recht kompliziert klingt, aber er ist wichtig. Wir wollen dem Text der Heiligen Schrift gegenüber gerecht und wahrheitsgetreu sein, denn er ist Gottes Wort. Wir sollten der Bibel nicht eigenmächtig Bedeutungen zutragen, zu denen wir nicht berechtigt sind.

6. Verfügen Sie über ein Wissen der geschichtlichen, geographischen, kulturellen und religiösen Hintergründe des Abschnitts

Darüber können wir nicht allzu viel sagen. Die Torah wurde in einem geschichtlichen, kulturellen, sozialen, religiösen und geographischen Zusammenhang geschrieben, der von dem unsrigen sehr weit entfernt ist. Wir dürfen nicht einmal daran denken, sie richtig verstehen zu können, wenn wir mit diesen Faktoren nicht genügend vertraut sind.

Für unser Torahverständnis macht es zum Beispiel einen Unterschied, wenn wir wissen, dass jede einzelne der zehn Plagen gegen die Götzen von Ägypten gerichtet war. Es ändert unseren Blickwinkel vom 5. Buch Mose, wenn wir uns bewusst werden, dass sich sein Format eigentlich an das eines Kolonial-Abkommens und Vertrages der späten Bronzezeit anlehnt. Sind wir uns ferner auch darüber im Klaren, dass uns ein Wissen über altertümliche mesopotamische Lehmtafeln helfen kann, die

Struktur des 1. Buch Mose zu verstehen, und ebenso weshalb Rahel die Familiengötzen von Laban stahl?

Ein Wissen über den früheren Nahen Osten kann die Bedeutung der Torah auf eine Art und Weise erschliessen, wie es sich die meisten Menschen nie erträumen lassen würden. Wir würden sogar zu bedenken geben, dass ein Schüler, der dieses Wissensgebiet nicht beachtet, eine Fehlinterpretation der Torah aufs Grösste riskiert, denn er wird nie in der Lage sein, die Tiefe der Offenbarung die man in ihr finden kann, völlig zu würdigen. Diese Richtschnur ist für das Studieren der Torah sehr, sehr wichtig.

Eng verbunden mit dieser Regel ist der Grundsatz des Torahstudiums auf hebräisch, ihrer Originalsprache. Manchmal gibt es Worte, Gedanken oder Begriffe im Hebräisch der Torah, die man so gut wie unmöglich in einer Übersetzung ausdrücken kann. Es hilft zum Beispiel, wenn man weiss, dass was auf Deutsch oft mit „Opfer" übersetzt wird vom hebräischen Wort *Korban* (קרבן) stammt, welches dieselbe Wurzel hat, wie das Wort, das „sich annähern" bedeutet. Deshalb ist also ein Opfer etwas, was uns hilft, Gott näher zu kommen. Ausserdem gibt es eigentlich auf Deutsch keine gleichgestellten Worte, die sich den hebräischen Worten *tahor* und *tamei* wirklich annähernd ähneln (die oft als rein und unrein, beziehungsweise sauber und unsauber wiedergegeben werden).

Weil es für die meisten Menschen schwierig ist, das biblische Hebräisch zu lernen, oder den Hintergrund der Torah zu kennen, gibt es viele Lernhilfen, die dem Neuling bei diesem Vorhaben helfen können. Nichts kann das praktische Wissen von biblischem Hebräisch und der Geschichte des frühen Nahen Ostens ersetzen.

Hier sind also die sechs hermeneutische Basisregeln, die unser Bibelstudium leiten müssen. Wir können diese Regeln auf jeden Teil unseres Studiums anwenden.

1. Verlassen Sie sich auf den Geist Gottes als Ihren Lehrer

2. Finden Sie heraus, welche Art von Literatur Sie studieren

3. Werden Sie zum Experten des Textes

4. Achten Sie auf den Zusammenhang

5. Verstehen Sie den Text im ursprünglichen Sinn; vermeiden Sie die Versuchung zu versinnbildlichen

6. Verfügen Sie über ein Wissen der geschichtlichen, geographischen, kulturellen und religiösen Hintergründe des Abschnitts

Ganz besonders die Torah

Die Torah enthält einiges an aussergewöhnlichem Stoff, den wir als *Lehrabschnitte* bezeichnen möchten. Der grösste Teil des Tanach enthält keine solchen Elemente. Deshalb müssen wir zu den oben genannten Regeln auch folgende ganz bestimmte Angebote zum Lernen dieser einzigartigen Abschnitte in der Torah kennen. Aufgrund ihrer speziellen Anwendung im Studium der Lehrabschnitte der Torah werden wir mindestens zwei der oben genannten Regeln wiederholen.

Der Zusammenhang

Es gibt einen eindeutigen Zusammenhang bei den meisten, wenn nicht sogar allen langen Weisungs- und Lehrabschnitten, welche sehr eigen für die Torah sind. Sicher, manchmal ist es schwierig, den genauen geschichtlichen oder literarischen Zusammenhang näher zu beschreiben. Aber denken Sie daran, dass die Torah nicht aus einer absoluten Leere heraus gegeben wurde. Um sie richtig verstehen zu können, müssen wir den Zusammenhang von jedem einzelnen Teil ermitteln.

Lasst uns zum Beispiel den Begriff des Blutes nehmen. Die Anweisungen über Blut – ob menschliches oder tierisches – sind ein Hauptbestandteil im 3. Buch Mose. Wenn wir uns die Lehrabschnitte ansehen, müssen wir uns deshalb fragen, weshalb Gott über das Blut in diesem bestimmten Abschnitt lehrt und was diese speziellen Lehren zum Zusammenhang des ganzen 3. Buches Mose beitragen.

Der geschichtliche Hintergrund

Dieser ist äusserst entscheidend, wenn wir die Lehrabschnitte der Torah studieren. Gott hatte ganz bestimmte Gründe, warum Er uns jede einzelne Seiner Lehren gab. Manche von ihnen entstanden auch aus gewissen Situationen ausserhalb der geschriebenen Seiten. Wir müssen uns über diese Umstände im Hintergrund bewusst werden, um die Abschnitte vollständig verstehen zu können.

Hier ist ein ausgezeichnetes Beispiel. Im Text heisst es: „Sie sollen auch keine Glatze scheren auf ihrem Haupt noch ihren Bart stutzen." Um diesen Teil richtig verstehen zu können, müssen wir zuerst vom Hebräischen her feststellen, was der Text sagt. Zweitens müssen wir uns die Frage stellen: „Weshalb gab Gott wohl diese Anweisung?" Sagt er uns hier, wie wir unsere Haare schneiden sollen? Was geschah hier geschichtlich, so dass es der Ewige für nötig hielt, spezielle Anweisungen über Haartrachten herauszugeben?

Würden wir nun die Kultur der Kanaaniter untersuchen, könnten wir feststellen, dass sie sich damals wahrhaftige Schnittmuster in ihre Haare schneiden liessen, so wie es auch heutzutage viele tragen. Ja, sogar noch mehr: sie taten dies aus religiösen Gründen. So können wir entdecken, dass Gottes Anordnungen betreffs unseres Haares höchstwahrscheinlich verhindern sollten, dass wir wie die Kanaaniter handelten oder ihre Religion ausübten. Und damit haben wir nun im Verlauf unserer Nachforschungen gelernt, dass diese Weisung eigentlich sehr wenig mit den *Peyot* oder Seitenlocken zu tun hat, die viele jüdische Männer tragen.

Wird dieser Satz in der Brit Chadascha zitiert?

Dies ist sehr wichtig. Wenn der Abschnitt oder Satz, den wir prüfen wollen, in der Brit Chadascha erwähnt wird, könnten wir zumindest zwei Möglichkeiten über seine Anwendung lernen. Erstens könnten wir sehen, wie dieser Ausschnitt von den anderen verstanden wurde, die fast zu der Zeit lebten, in der er geschrieben wurde – im Gegensatz zu uns. Zweitens könnten wir lernen, wie die Lehre von denen, die ein Teil dieser selben damaligen Kultur waren, ausgeübt wurde.

Eines der besten Beispiele, das uns gerade dazu einfällt, ist der Satz aus dem 5. Buch Mose: „Der Mensch lebt nicht von Brot allein, sondern von allem, was aus dem Mund des Herrn geht." Dieser Vers wird in Matthäus 4 zitiert. Hier wird uns also die Gelegenheit gegeben, in der wir sehen können, wie der Messias selbst diesen Vers aus der Torah verstand und anwendete.

Wie wurde diese Lehre im alten Israel angewendet?

Wenn wir herausfinden, wie das alte Israel eine bestimmte Lehre aus der Torah auffasste, kann uns dies zu unserem Verständnis des Abschnitts dienen. Es hilft uns zum Beispiel, wenn wir wissen, dass der Brauch der orthodoxen Juden – das „Anlegen der Tefillin" (Anwickeln eines Kästleins an die Stirne und an den Arm während des Gebets, welches Teile der Torah enthält, so wie es vermeintlich im 5. Mose gelehrt wird) – von jenen durchgeführt wurde, die zur Zeit des 2. Tempels lebten. Darüber haben wir sowohl von archäologischen wie auch literarischen Quellen her grosse Anhaltspunkte. Hätte Israel die Anweisungen der Torah über die Jahrhunderte hindurch befolgt, würden auch wir vielleicht noch davon profitieren, sie so befolgen zu können, wie sie es taten, solange es dem geschriebenen Wort nicht widerspricht.

Wie lebt das jüdische Volk diese Lehre heute aus?

Die jüdischen Praktiken und Deutungen der Torah begannen vor Jahrhunderten – und in vielen Fällen sogar vor der Zeit Jeschuas. Auch wenn wir vielleicht nicht an die Autorität des mündlichen Gesetzes glauben, so beinhaltet es trotzdem sehr viel Nützliches für uns heute (wie zum Beispiel einen unglaublichen Einblick in die Torah-Deutung des damaligen Zeitabschnitts). Deshalb ist es für uns hilfreich, einige der besten modernen jüdischen Kommentatoren zu lesen (zumindest die von *Rishonim* und *Acharonim),* denn bei ihnen können wir vorzügliche Auslegungen der schwierigsten Torah-Abschnitte finden.

Ferner kann es auch hilfreich sein, einige der rabbinischen Praktiken der Torah zu untersuchen, denn diese *halachischen* Lehren können für uns Licht auf einen bestimmten Abschnitt werfen.

Welches Bild von der Torah malt uns dieser Abschnitt?

Auf den ersten Blick mag uns die Bezeichnung eines „Torah-Bildes" ähnlich erscheinen wie das „Modell" das oft von Bibellehrern verwendet wird. Wir meinen hier jedoch etwas anderes. Ein Torah-Bild beantwortet uns die Frage: „Was lehrt uns diese Weisung über die Person und das Werk von Jeschua?" Zusätzlich können wir uns auch fragen: „Was sagt mir diese Lehre der Torah betreffs meiner Identität im Messias?"

Ein wunderbares Torah-Bild finden wir zum Beispiel in der Anweisung über Reinheit und Unreinheit: *tamei* und *tahor.* Warum erklärte Gott einige Dinge als tamei und andere als tahor? Diese Worte werden oft mit dem Wort „rein" beziehungsweise „unrein" übersetzt. Sind solche Objekte oder Leute wirklich „schmutzig" oder „sauber"? Welche Bewandtnis steckt hinter dieser Bedeutung?

Je mehr wir uns mit diesem Thema befassen, desto mehr öffnet sich für uns eine völlig neue Welt von Bildern. Denken Sie an unsere frühere Warnung vor dem Versinnbildlichen. Trotzdem sehen wir, wie die Begriffe von tamei und tahor so treffend unsere Umgestaltung aus dem Status der Unreinheit, in einen Status, in dem wir uns Gottes Gnadenthron annähern können, bezeichnen. Jeschua hat uns zu neue Kreaturen gemacht – Heilige statt Sünder, nicht mehr tahor, sondern tamei. Torah-Bilder können diese Wahrheiten und noch mehr darstellen.

Wie erkläre ich anderen die Torah?

Indem wir jetzt die Standards der hermeneutischen Regeln zum besseren Verständnis der Torah dargelegt haben, können wir Ihnen nun eine Methode vorstellen, die sowohl für die Gliederung Ihres eigenen Selbststudiums, wie auch bei der Schulung von anderen hilfreich sein kann.

Das Schlüsselwort heisst *gliedern.* Was wir für Sie nun entfalten möchten, ist nichts Neues. Wir lernten diese Methode vor Jahren von erlesenen Bibellehrern und haben es seither vielen anderen weitergegeben.

A. Wenden Sie ständig alle Regeln der Auslegung an

Versichern Sie sich, dass Ihre Auslegung des Torah-Abschnitts Schritt für Schritt so korrekt wie möglich ist. Dies erreichen Sie am besten, indem Sie stets alle hermeneutischen Regeln anwenden, die wir für Sie bereits vorher im Buch aufgelistet haben – ganz gleich wo Sie sich momentan in der Vorbereitung für eine Torah-Lektion befinden.

Hier ist eine kurze und einfache Aufstellung, die Sie verwenden können, um Ihr Studium eines Torah-Ausschnitts zu vervollständigen.

Fragen Sie sich zuerst: „Was sagt dieser Abschnitt aus?"

Als nächstes fragen Sie sich: „Was bedeutet das?"

Und schliesslich fragen Sie sich: „Was bedeutet das für mich?"

Wie bereits erwähnt, handelt es sich beim ersten Teil dieses Drei-Schritte-Programms um das *Beobachtungs-Stadium.* Um sicherzustellen, dass wir immer ganz genau wissen, was der Text sagt, sollte immer eine gewissenhafte Überprüfung der Einzelheiten und der Grammatik eines Abschnitts erfolgen.

Wenn wir mit unserem Wissen über die Tatsachen des Textes zufrieden sind, können wir anfangen festzulegen, was sie bedeuten. Technisch nennt man dies das Stadium der *Deutung.* Die Tatsachen bestimmen die Bedeutung – und nicht umgekehrt!

Und schliesslich, wenn wir aufgrund sorgfältiger Untersuchung der Fakten meinen, wir verstehen jetzt die Absicht dieses Textes, dann – und nur dann – dürfen wir anfangen uns zu fragen: „Was hat mir dieser Abschnitt zu sagen?" Dies ist das Stadium der *Anwendung.*

B. Stellen Sie die Gliederung des Abschnitts fest

Ja, Sie haben richtig gelesen! Jeder Abschnitt in der Bibel, einschliesslich der Torah, hat irgendeine Art von Aufbau und Gliederung. Ihre Arbeit ist es nun, so gut wie Sie es nur können, den wesentlichsten Punkt des *Verfassers* sicherzustellen, und die Art, wie er ihn enthüllte. (Das kann natürlich nicht ohne Durchlaufen des oben Genannten Drei-Schritte-Programms geschehen). Wenn Sie nun anfangen, die Gliederung oder logische Entfaltung des Abschnitts zu ergründen, beginnen Sie damit, diese Gliederung in Ihrer persönlichen Einteilung wiederzugeben und gehen Sie wie folgt vor:

1. Geben Sie dem Abschnitt eine Überschrift.

Die Überschrift des Abschnitts muss von seinem Inhalt abgeleitet werden, und muss Ihr Verständnis von der Absicht des Verfassers wiedergeben. In anderen Worten: Zwingen Sie nicht Ihre eigenen Gedanken in den Text. Befassen Sie sich nur mit dem wahren Inhalt des Teilstücks, das Sie gerade erforschen.

Die Überschrift, die Sie für den Abschnitt wählen, kann aus Worten direkt vom Text abgeleitet werden oder in Ihren eigenen Worten formuliert werden – nur sollten Ihre Worte eine zutreffende Wiedergabe des Inhalts von diesem Ausschnitt bilden. Denken Sie daran, dass der Titel wirklich die Hauptaussage des Textes sein soll. Es ist eine kurze, knappe Zusammenfassung des Inhalts von dem Abschnitt, den Sie studieren.

Lasst uns nun an einem echten Beispiel arbeiten: 2. Mose 6, 2 – 9. Der literarische Zusammenhang scheint uns zu zeigen, dass dies eine Art selbsterklärende Einheit der Torah ist. Das Hauptthema zeigt uns, wie Gott zu Mosche über Seine Pläne mit Israel redet. Wir können sogar einen Umriss von diesem Teilstück ermitteln, welcher auf den Verben aus diesem Text basiert. So ist gerade das vierte Verb vom Vers 7 in der ersten Person Einzahl, eines das oft in der hebräischen Bibel gebraucht wird, um das Verlangen des Mannes nach einer Frau als Ehefrau auszudrücken. Aufgrund der somit erforschten Fakten können wir diesem Abschnitt nun folgende Überschrift geben: „Gottes Hochzeitspläne“. Dieser Titel spiegelt Gottes Absichten wieder, so wie sie in diesen Versen ausgedrückt werden.

2. Umschreiben Sie den Abschnitt.

Nachdem Ihr Textteil nun eine Überschrift erhalten hat, stellen Sie jetzt fest, wie er dieses Thema entfaltet hat. Lassen Sie den Abschnitt seinen eigenen Umriss erstellen. Zwingen Sie ihm keinen Umriss auf. Lassen Sie den Text für sich selber sprechen, egal was er zu sagen scheint.

Es gibt verschiedene Wege, eine solche Umschreibung entstehen zu lassen. Sie können die wesentlichen Punkte seiner logischen Entwicklung in Ihren eigenen Worte zusammenfassen. Verwenden Sie Schlüsselworte aus dem Text oder ganze Schlüsselsätze des Textes. Kehren wir nun wieder zu unserem Beispiel zurück:

2. Mose 6, 2 – 9: „Gottes Hochzeitspläne“

I Gottes Versprechen, Seine Braut herauszuführen – „Ich werde dich wegführen“

II Gottes Versprechen, Seine Braut zu befreien – „Ich werde dich erretten“

III Gottes Versprechen, Seine Braut zu erlösen – „Ich werde dich erlösen“

IV Gottes Versprechen, Seine Braut zu heiraten – „Ich werde dich annehmen“

V Gott verspricht Seiner Braut ein Zuhause – „Ich werde dich bringen“

Können Sie sehen, wie der Abschnitt sowohl für die Überschrift, wie auch für die Darlegung bei diesem Studium den Ton angab? In diesem Fall benutzte ich die Hauptverben, um diesen Umriss zu bilden. Vielleicht möchten Sie dieselbe Vorgehensweise oder auch eine andere anwenden – je nach Ihrem Text.

3. Entwickeln Sie Ihre persönliche Umschreibung und Konzept

Der Hauptteil Ihres Studiums wird sich um Ihre eigene Skizze herum entfalten. Zeigen Sie wie jeder Teil des Abschnitts mit Ihrer Umschreibung verbunden ist. Fügen Sie jede passende hebräische Wortstudie hinzu, welche hilft, die Bedeutung des Textes zu erklären. Ziehen Sie jede wichtige, geschichtliche, kulturelle, geographische oder religiöse Hintergrundinformation hinzu, die noch weiteres Licht auf diese Stelle wirft. Halten Sie sich jedoch bei Ihrer Arbeit an den Grundriss Ihrer Umschreibung. Wenn Sie dann eine Weile am Lernen sind, finden Sie vielleicht, dass Ihr Bedarf für die Skizzen verändert werden sollte. Das ist gut, aber nur solange der Wechsel auf Ihrer Studie basiert, und nicht auf Ihr Verlangen, den Abschnitt etwas sagen zu lassen, das er gar nicht aussagt.

4. Unterrichten Sie den Abschnitt aufgrund Ihrer Umschreibung

Ihre Überschrift und Ihr Konzept werden zu Ihren Hauptwerkzeugen, durch welche Sie den Artikel an andere weitergeben können. Von einer Skizze her andere anzuleiten, hilft den Menschen normalerweise, Ihnen einfacher folgen zu können. Zusätzlich wird Sie das Benützen einer Skizze zwingen, beim Text zu bleiben und nicht plötzlich auf etwas anderes abzuschweifen.

5. Unterrichten Sie durch Fragen stellen

Einer der besten Wege, um über einen Torah-Abschnitt Unterricht zu erteilen, besonders wenn Sie eine kleine Gruppe schulen, ist es, gute Fragen beim Studieren zu benutzen. Die besten sind diejenigen, welche die sechs Frageworte enthalten, die wir bereits zuvor erwähnten: *wer, was, wo, wann, wie* und *warum.* Ihr Unterricht kann sich zu einer grossartigen, „lernenden Diskussion" entwickeln, wenn Sie einfach die Punkte, die Sie entdeckten, für die ganze Gruppe in Fragen umkehren.

Zum Beispiel könnten Sie Ihre Gruppenschulung damit beginnen, indem Sie die Frage stellen: „Was ist in Ihren eigenen Worten der springende Punkt in diesem Abschnitt?" So haben Sie einfach den Titel einer Aussage in eine Frage verwandelt.

Als nächstes könnten Sie sagen: „Lasst uns nun sehen, wie dieses Thema in unserem Torah-Abschnitt ausgearbeitet wird. Welches ist das erste Versprechen, das Gott im 2. Mose 6, 6 betreffs Israel gibt?“ Hiermit haben Sie der Gruppe Ihre Entdeckung mitgeteilt, dass Gott Israel einige Versprechen in diesem Studienabschnitt gab. Nun kann die Gruppe für sich selbst herausfinden, welche Versprechen das sind, indem sie selbst nach ihnen suchen, anstatt sich darauf verlassen, dass Sie es ihnen sagen. Und schliesslich: Üben Sie sich der Kunst, gute Fragen zu stellen, um der Gruppe bei der Ausarbeitung dieses Abschnitts zu helfen.

Sie müssen mehrere Kernpunkte im Kopf behalten, wenn Sie diese Art der Torah-Schulung durchführen. Erstens müssen Sie den Abschnitt selbst durch und durch erforschen, denn sonst können Sie keinen Erfolg haben. Zweitens ist es für das individuelle Wachstum Ihrer Schüler wichtig, dass sie es selbst lernen, Fragen zur Torah zu stellen (oder sonst irgendeinem Bibeltext) und für sich selbst auch Antworten dazu finden. Ihre Schüler werden lernen, sich selbst die besten Fragen zu stellen, wenn Sie es ihnen beibringen, und die Rate des Erinnerungsvermögens wird viel höher liegen, als wenn Sie ihnen alles nur erzählen. Und schliesslich: Stellen Sie der Gruppe nie solche Fragen, die mit einem einfachen „Ja“ oder „Nein“ beantwortet werden können.

6. Ein Wort zu den Kommentaren und anderen Büchern

Manche Leute wollen einfach keine Studienhilfen oder Bibelkommentare für ihr Bibelstudium benützen. Sie sagen, sie möchten von Gott gelehrt werden und nicht von Menschen. Das Problem dieser Aussage ist nur, dass Gott bestimmte Menschen in den Gemeinden mit der Gabe des Lehrens besonders gesegnet hat. Wir bestreiten nicht die Tatsache, dass Menschen auch selbst in der Torah wunderbare Dinge entdecken können. Gottes übliche Methode ist es jedoch, bestimmten Menschen die Begabung zu schenken, wiederum anderen Sein Wort unterrichten zu können. Deshalb müssen wir uns alle auf die von Gott begabten Torah-Lehrer verlassen, die uns der Ewige über den Weg schickt.

Ausserdem muss es uns auch bewusst sein, dass die meisten Bibelkommentare ursprünglich Predigten oder mündliche Lehren waren, bevor sie im Druck erschienen sind. Wenn wir bereit dazu sind, eine andere Person nach deren Meinung zu einen bestimmten Bibeltext zu fragen, dann sollten wir auch dazu bereit sein, einen Bibelkommentar hinzuzuziehen. Eigentlich besteht zwischen den beiden kein Unterschied. Nur ist das Erstere eine mündliche und das Zweite eine schriftliche Meinung zur Torah.

Wir sind keine einsamen Inselchen. Sondern wir sind Mitglieder einer grossen Gemeinschaft im Messias, von denen jedes Einzelne mit Wissen auf einem bestimmten Gebiet begabt ist, welches, wenn es zusammengefügt wird, uns allen zu einem vollständigeren Verständnis der Bibel verhelfen wird. Werfen Sie deshalb nicht alle Bücher weg und sagen, Sie würden nur die Bibel studieren. Gott hatte nie vor, dass es bei Seinem Volk so abläuft.

(Im Anhang C finden Sie die Liste einiger unserer Lieblingskommentare zur Torah, sowie einige Studienhilfen).

C. Tun Sie was die Torah sagt

Torah lernen bedeutet nicht das Ende an sich, denn das Buch wurde dazu entworfen, damit es praktisch ausgelebt wird. Der Torah-Lehrer, der seine Schüler nicht dazu ermutigt sie auszuleben, lehrt die Torah nicht richtig! Ebenso setzt der Lehrer, der nicht selbst versucht, sie ins Praktische umzusetzen, ein falsches Beispiel für seine Schüler.

Vielleicht stammt das beste Beispiel aus Apostelgeschichte 21, wie wir bereits zu Beginn des Buches ermittelt haben. Scha'ul von Tarsus war dafür bekannt gewesen, ein ausgezeichneter

Torah-Lehrer zu sein. Als die Leiter der Messianischen Gemeinde Gerüchte hörten, die besagten, dass er andere lehren würde, der Torah nicht zu gehorchen, verlangten sie von ihm, er sollte nicht einfach nur etwas sagen, um zu beweisen, dass die Gerüchte falsch waren, sondern er solle auch etwas tun, was in der Torah befohlen wird. Als der grosse Torah-Lehrer, der er war, leistete er ihrer Bitte bereitwillig Folge.

Anhang B
Die wöchentlichen Torah-Lesungen

Es ist äusserst lohnenswert, regelmässig die Torah – wie auch die ganze Bibel! – durchzulesen. Sie können natürlich jeglichem Bibelleseplan folgen, dem Sie möchten. Aber wie das Sprichwort schon sagt: „Weshalb das Rad noch einmal erfinden?“ Denn es wird schwierig werden, den wöchentlichen Torah-Leseplan zu verbessern, dem das jüdische Volk bereits seit Jahrhunderten nachgeht.

Wir wissen nicht genau wann dieser traditionelle Leseplan anfing. Josephus, ein Schreiber vom Ende des ersten Jahrhunderts, sagt uns, dass das jüdische Volk regelmässige Torah-Lesepläne von alters her gehabt hat (*Apion* 2, 175). Wir wissen jedoch auch, dass seit gegen Ende des Zweiten Tempels ein ziemlich festgelegter Zeitplan in den Synagogen vorhanden war. Der Talmud, wie auch die Brit Chadascha (Apostelgeschichte 15, 21) erbringen uns hierfür Beweise.

Den ersten Hinweis auf einen festgelegten Zeitplan von sich fortsetzenden Lesungen in der Torah finden wir in der *B.T. Megilla 29 b.* Hier sehen wir, dass es in Israel einen Dreijahreszyklus für die Lesungen gab. In Babylon und anderswo in der Diaspora gab es einen jährlichen Leseplan aus 54 verschiedenen Abschnitten. Wie Rambam bestätigt, wurde der Dreijahreszyklus an manchen Orten weiterhin bis mindestens um 1200 uZ angewendet. Auf jeden Fall war es zumindest seit den Zeiten des Talmud (200 – 500 uZ) der übliche Brauch, die Torah in einem Jahr durchzulesen.

Im Verlauf eines Einjahreszyklus mit sich fortsetzenden Abschnitten wird der altertümliche Brauch des Aufgliederns der Torah in 54 Abschnitte noch immer befolgt. Einen Abschnitt nennt man eine *Parascha* oder *Sidra.* (Die Mehrzahl wäre Paraschiot beziehungsweise *Sedarim*). Es kommt vor, dass man an einem Schabbat auch zwei Abschnitte nacheinander liest, damit alle 54 Paraschiot in ein Jahr passen.

Jedem Abschnitt wird ein hebräischer Name gegeben, der vom ersten bedeutenden Wort dieser Parascha abstammt. Am Anfang jedes einzelnen der 5 Bücher erhält dieser dann den hebräischen Namen des entsprechenden Buches. Zum Beispiel heisst der erste Abschnitt des 1. Buch Mose „Bereschit". (Bereschit ist auch der hebräische Name für das 1. Buch Mose.)

Wir haben für Sie die Liste der Wochenabschnitte beigefügt, die einem einjährigen Leseplan folgen. Die jeweiligen genauen Lesedaten sind jedoch nicht aufgeführt, denn sie verändern sich von Jahr zu Jahr – je nach dem hebräischen Kalender.

Die Lesedaten in Israel unterscheiden sich auch von den Daten in der Diaspora. Dies ist so, aufgrund bestimmter Feiertage, die in Israel nur einen Tag lang gefeiert werden und an den anderen Orten mit einem zweiten Tag verlängert werden. In den meisten jüdischen Buchläden gibt es verschiedene Kalender, welche die wöchentlichen Torah-Abschnitte zusammen mit den Daten der Diaspora enthalten.

An jedem Schabbat wird ein anderer Torah-Abschnitt (in sich fortsetzender Reihenfolge) gelesen, dem sich dann eine Lesung aus den Propheten anschliesst. Das Lesen der erwählten Texte aus den Propheten und dieser Brauch selbst ist in seiner Entstehung ebenfalls unklar. Wir wissen jedoch aus Lukas 4, 17, dass dies mindestens bereits gegen Ende des Zweiten Tempels ein allgemein verbreiteter Brauch war.

Das Lesen aus den Propheten nennt man Haftara-Lesung. Haftara bedeutet „Komplettierung". Die Absicht dahinter ist, dass die Lesung aus den Propheten die Torah-Lesung vervollständigt. Wir haben Ihnen diese wöchentlichen Haftara-Lesungen zusammen mit den Torah-Lesungen aufgelistet. Wie Sie bemerken werden, stammen auch einige der Texte aus den geschichtlichen Büchern, wie „Könige" oder „Samuel". Das kommt daher, weil diese Geschichtsbücher in der jüdischen Aufteilung des Tanachs (dem Alten Testament) als Teil der prophetischen Bücher angesehen werden.

Während Sie nun durch die Torah-Abschnitte lesen, sollten Sie folgendes bedenken: Erstens, denken Sie daran, dass während Sie diesem traditionellen Lesezyklus nachgehen, dies ebenso von Millionen Ihrer jüdischen Mitmenschen zur selben Zeit getan wird. Folglich findet hier einiges an Bibellesen statt! In vielen Synagogen gibt es Bibelgruppen, in denen der Wochenabschnitt gelesen und studiert wird. Sie treffen sich manchmal am Schabbat oder an Wochentagen. Ihre Kenntnisse könnten durch Teilnahme an einer solchen Gruppe sehr anwachsen.

Zweitens: Denken Sie daran, dass dies Gottes Wort ist, das Sie hier studieren. Es ist ein Segen, es zu lesen und zu erforschen. Traditionelle jüdische Leute haben für fast allem, dem wir im Leben begegnen, Segenssprüche entwickelt. Sie drücken ihre Dankbarkeit dem Ewigen gegenüber für jede Einzelheit in ihrem Leben aus. Dasselbe gilt auch für das Bibellesen. Demzufolge ist es der Brauch, Gott vor und nach dem Lesen aus der Torah und Haftara zu loben.

Wir haben hier für Sie diese traditionellen Segenssprüche aufgeschrieben. Sie sind auf Deutsch, umschriebenem Hebräisch-Deutsch und auf Hebräisch. Beachten Sie bitte nicht nur die Schönheit dieser Segenssprüche sondern auch die Wahrheit, die sie beinhalten. Sie drücken ganz genau das aus, was die neue Kreatur über Gott glaubt, der sich selbst in der Heiligen Schrift geoffenbart hat!

Wenn Sie bei einer solchen Bibelgruppe mitmachen, könnte der Leiter die Segenssprüche im Namen aller Teilnehmer vortragen. Wenn Sie mehr liturgische Informationen über den typischen Gottesdienst mit Torah-Lesung in der Synagoge haben möchten, können Sie dies in jeder *Sidur* (Gebetbuch) nachlesen.

Der Segensspruch vor der Torah-Lesung

Gelobt seist Du, Ewiger, unser Gott, König der Welt, der uns erwählt hat aus allen Völkern und uns Seine Torah gegeben. Gelobt seist Du, Ewiger, der die Torah gegeben hat. Amen.

Baruch ata Adonai, eloheinu, melech ha-olam, ascher bachar banu mikol ha-amim, v'natan lanu et Torahto. Baruch ata Adonai, notein haTorah. Amen.

ברוך אתה, יהוה אלהינו, מלך העולם,
אשר נתן־לנו תורת־אמת, וחיי עולם נטע בתוכנו;
ברוך אתה, יהוה, נותן התורה!

Der Segensspruch nach der Torah-Lesung

Gelobt seist Du, Ewiger, unser Gott, König der Welt, der uns die Lehre der Wahrheit gegeben und ewiges Leben in uns gepflanzt hat. Gelobt seist Du, Ewiger, der die Torah gegeben hat. Amen.

Baruch ata Adonai, eloheinu, melech ha-olam, ascher natan lanu Toraht emet, v'chajei olam nata b'tocheinu. Baruch ata Adonai, notein haTorah. Amen.

ברוך אתה, יהוה אלהינו, מלך העולם,
אשר בחר־בנו מכל־העמים ונתן לנו את־תורתו;
ברוך אתה, יהוה, נותן התורה!

Der Segensspruch vor der Haftara-Lesung

Gelobt seist Du, Ewiger, unser Gott, König der Welt, der gute Propheten erwählt hat und sich erfreut hat an ihren Worten, die sie in Wahrheit sprechen. Gelobt seist Du, Ewiger, der Du die Torah, Mosche, Israel, dein Volk und die Propheten in Wahrheit und Gerechtigkeit erwählt hast. Amen.

Baruch ata Adonai, eloheinu, melech ha-olam, ascher bachar binvi'im tovim, vraza b'divreihem ha-ne'emarim b'emet. Baruch ata Adonai habocher baTorah, uv'Mosche avdo, uv'Jisrael amo, uvin'viei ha-emet v'hazedek. Amen.

ברוך אתה, יהוה אלהינו, מלך העולם,
אשר בחר בנביאים טובים, ורצה בדבריהם הנאמרים
באמת.
ברוך אתה, יהוה, הבוחר בתורה,
ובמשה עודו ובישראל עמו, ובנביאי האמת והצדק!

Der Segensspruch, nachdem die Haftara gelesen wurde

(Der übliche Segensspruch ist ziemlich ausgedehnt und beinhaltet unter anderem auch die Segenssprüche für die Propheten. Daher erwähnen wir hier nur den ersten Absatz ohne Umschreibung des Hebräischen ins Deutsche und ohne hebräische Schrift.)

Gelobt seist Du, Ewiger, unser Gott, König der Welt, der Fels aller Welt, gerecht bis ans Ende aller Geschlechter, o Du wahrhaftiger Gott, der redet und tut, der spricht und erfüllt. Alle Deine Worte sind wahr und gerecht. Nicht eines Deiner Versprechen wird unerfüllt bleiben, denn Du bist ein treuer und gnädiger König. Gelobt seist Du, der Gott, dessen alle seine Worte wahr sind. Amen.

Die Torah und Haftara-Lesungen

Nachfolgend sind die am geläufigsten und akzeptiertesten wöchentlichen Torah- und Haftara-Abschnitte aufgelistet. Die Haftara-Lesungen haben wir zusätzlich wie folgt gekennzeichnet: ein «A» bedeutet, dass sie vorwiegend in den Aschkenasisch (West- und Osteuropa, USA) orientierten Gemeinden gelesen werden, und das «S» steht für die Sefardischen (Mittelmeerraum) Gemeinden. Jede einzelne Tradition hat seine eigenen zusätzlichen Varianten. Ebenso verändern sich die Haftara Lesungen auch, je nach dem ob sich ein Schabbat innerhalb von Feiertagen oder am Rosch Chodesch (Neumond) befindet.

1. Buch Mose:

Bereschit

Torah-Abschnitt: 1. Mose 1, 1 – 6, 8
Haftara: A: Jesaja 42, 5 – 43, 10
S: Jesaja 42, 5 – 21

Noach

Torah-Abschnitt: 1. Mose 6, 9 – 11, 32
Haftara: A: Jesaja 54, 1 – 55, 5
S: Jesaja 54, 1 – 10

Lech Lecha

Torah-Abschnitt: 1. Mose 12, 1 – 17, 27
Haftara: Jesaja 40, 27 – 41, 16

Wajera

Torah-Abschnitt: 1. Mose 18, 1 – 22, 24
Haftara: A: 2. Könige 4, 1 – 37
S: 2. Könige 4, 1 – 23

Chajei Sarah

Torah-Abschnitt: 1. Mose 23, 1 – 25, 18
Haftara: 1. Könige 1, 1 – 31

Tol'dot

Torah-Abschnitt: 1. Mose 25, 19 – 28, 9
Haftara: Maleachi 1, 1 – 2, 7

Wajeze

Torah-Abschnitt: 1. Mose 28, 10 – 32, 3
Haftara: A: Hosea 12, 13 – 14, 10
S: Hosea 11, 17 – 12, 12

Wajischlach

Torah-Abschnitt: 1. Mose 32, 4 – 36, 43
Haftara A: Mosea 11,17 – 12, 12
S: Obadja

Wajeschev

Torah-Abschnitt: 1. Mose 37, 1 – 40, 23
Haftara: A: Sacharja 2, 14 – 4, 7
S: Amos 2,6 – 3, 8

Mikez

Torah-Abschnitt: 1. Mose 41, 1 – 44, 17
Haftara: 1. Könige 3, 15 – 4, 1

Wajigasch

Torah-Abschnitt: 1. Mose 44, 18 – 47, 27
Haftara: Hesekiel 37, 15 – 28

Wajechi

Torah-Abschnitt: 1. Mose 47, 28 – 50, 26
Haftara: 1. Könige 2, 1 – 12

2. Buch Mose:

Schemot

Torah-Abschnitt: 2. Mose 1, 1 – 6, 1
Haftara: A: Jesaja 27, 6 – 28, 13 und 29, 22 + 23
S: Jeremia 1,1 – 2, 3

Wa'era

Torah-Abschnitt: 2. Mose 6, 2 – 9, 35
Haftara: Hesekiel 28, 25 – 29, 21

Bo

Torah-Abschnitt: 2. Mose 10, 1 – 13, 16
Haftara: Jeremia 46, 13 – 28

Beschalach

Torah-Abschnitt: 2. Mose 13, 17 – 17, 16
Haftara: A: Richter 4, 4 – 5, 31
S: Richter 5, 1 – 31

Jitro

Torah-Abschnitt: 2. Mose 18, 1 – 20, 23
Haftara: A: Jesaja 6, 1 – 7, 6 und 9, 5 + 6
S: Jesaja 6, 1 – 13

Mischpatim

Torah-Abschnitt: 2. Mose 21, 1 – 24, 18
Haftara: Jeremia 34, 8 – 22 und 33, 25 – 26

Teruma

Torah-Abschnitt: 2. Mose 25, 1 – 27, 19
Haftara: 1. Könige 5, 26 – 6, 13

Tezawe

Torah-Abschnitt: 2. Mose 27, 20 – 30, 10
Haftara: Hesekiel 43, 10 – 27

Ki Tisa

Torah-Abschnitt: 2. Mose 30, 11 – 34, 35
Haftara: A: 1. Könige 18, 1 – 39
S: 1. Könige 18, 20 – 39

Wajak'hel

Torah-Abschnitt: 2. Mose 35, 1 – 38, 20
Haftara: A: 1. Könige 7, 40 – 50
S: 1. Könige 7, 13 – 26

Pekudei

Torah-Abschnitt: 2. Mose 38, 21 – 40, 38
Haftara: A: 1. Könige 7, 51 – 8, 21
S: 1. Könige 7,40 – 50

3. Buch Mose:

Wajikra

Torah-Abschnitt: 3. Mose 1, 1 – 5, 26
Haftara: Jesaja 43, 21 – 44, 23

Zaw

Torah-Abschnitt: 3. Mose 6, 1 – 8, 36
Haftara: Jeremia 7, 21 – 8, 3 und 9, 22 – 23

Sch'mini

Torah-Abschnitt: 3. Mose 9, 1 – 11, 47
Haftara: A: 2. Samuel 6, 1 – 7, 17
S. 2. Samuel 6, 1 – 19

Tazria

Torah-Abschnitt: 3. Mose 12, 1 – 13, 59
Haftara: 2. Könige 4, 42 – 5, 19

Mezora

Torah-Abschnitt: 3. Mose 14, 1 – 15, 33
Haftara: 2. Könige 7, 3 – 20

Acharei Mot

Torah-Abschnitt: 3. Mose 16, 1 – 18, 30
Haftara A: Hesekiel 22, 1 – 19
S: Hesekiel 22, 1 – 16

Kedoschim

Torah-Abschnitt: 3. Mose 19, 1 – 20,27
Haftara: A: Amos 9, 7 – 15
S: Hesekiel 20, 2 – 20

Emor

Torah-Abschnitt: 3. Mose 21, 1 – 24, 23
Haftara: Hesekiel 44, 15 – 31

Behar

Torah-Abschnitt: 3. Mose 25, 1 – 26, 2
Haftara: Jeremia 32, 6 – 27

Bechukotai

Torah-Abschnitt: 3. Mose 26, 3 – 27, 34
Haftara: Jeremia 16, 19 – 17, 14

4. Buch Mose:

Bemidbar

Torah-Abschnitt: 4. Mose 1, 1 – 4, 20
Haftara: Hosea 2, 1 – 22

Naso

Torah-Abschnitt: 4. Mose 4, 21 – 7, 89
Haftara: Richter 13, 2 – 25

Beha'alotecha

Torah-Abschnitt: 4. Mose 8, 1 – 12, 16
Haftara: Sacharja 2, 14 – 4, 7

Sch'lach

Torah-Abschnitt: 4. Mose 13, 1 – 15, 41
Haftara: Josua 2, 1 – 24

Korach

Torah-Abschnitt: 4. Mose 16, 1 – 18, 32
Haftara: 1. Samuel 11, 14 – 12, 22

Chukat

Torah-Abschnitt: 4. Mose 19, 1 – 22, 1
Haftara: Richter 11, 1 – 33

Balak

Torah-Abschnitt: 4. Mose 22, 2 – 24, 25
Haftara: Micha 5, 6 – 8, 8

Pinchas

Torah-Abschnitt: 4. Mose 25, 1 – 30, 1
Haftara: 1. Könige 18, 46 – 19, 21

Matot

Torah-Abschnitt: 4. Mose 30, 2 – 32, 42
Haftara: Jeremia 1, 1 – 2, 3

Massei

Torah-Abschnitt: 4. Mose 33, 1 – 36, 13
Haftara: A: Jeremia 2, 4 – 28 und 3, 4
S: Jeremia 2, 4 – 28 und 4, 1 + 2

5. Buch Mose:

D'warim

Torah-Abschnitt: 5. Mose 1, 1 – 3, 22
Haftara: Jesaja 1, 1 – 27

Va'etchanan

Torah-Abschnitt: 5. Mose 3, 23 – 7, 11
Haftara: Jesaja 40, 1 – 26

Ekew

Torah-Abschnitt: 5. Mose 7, 12 – 11, 25
Haftara: Jesaja 49, 14 – 51, 3

Re'eh

Torah-Abschnitt: 5. Mose 11, 26 – 16, 17
Haftara: Jesaja 54, 11 – 55, 5

Schof'tim

Torah-Abschnitt: 5. Mose 16, 18 – 21, 9
Haftara: Jesaja 51, 12 – 52, 12

Ki Teze

Torah-Abschnitt: 5. Mose 21, 10 – 25, 19
Haftara: Jesaja 54, 1 – 10

Ki Tawo

Torah-Abschnitt: 5. Mose 26, 1 – 29, 8
Haftara: Jesaja 60, 1 – 22

Nizawim

Torah-Abschnitt: 5. Mose 29, 9 – 30, 20
Haftara: Jesaja 61, 10 – 63, 9

Wajelech

Torah-Abschnitt: 5. Mose 31, 1 – 30
Haftara: A: Jesaja 55, 6 – 56, 8
S: Hosea 14, 2 – 10; Joel 2, 11 – 27; Micha 7, 18 – 20

Ha'asinu

Torah-Abschnitt: 5. Mose 32, 1 – 52
Haftara: 2. Samuel 22, 1 – 51

Wesot Hab'racha

Torah-Abschnitt: 5. Mose 33, 1 – 34, 12
Haftara A: Josua 1, 1 – 18
S: Josua 1, 1 – 19

Anhang C
Torah-Studienhilfen

In diesem Teil möchten wir Ihnen die Welt der Kommentare zur Torah vorstellen. Wenn Sie ein Neuling auf diesem Gebiet sind, könnte es Ihnen helfen, wenn Sie daran denken, dass der Unterschied zwischen dem Lesen eines Bibelkommentars und dem Zuhören einer Predigt nur sehr klein ist. Viele Kommentare sind ursprünglich selbst sogar wirkliche Predigten gewesen! Wir werden nur einige erwähnen, die uns am hilfreichsten in unserem eigenen Studium erschienen.

Aus der Welt der Evangelikalen

Für unsere Torah-Studien bevorzugen wir diejenigen Kommentare, welche uns mit der fehlerlosesten und auf alle Einzelheiten eingehenden, geschichtlichen Hintergrundinformation aus der Zeit, in der die Torah geschrieben wurde, versorgt. Somit empfehlen wir Ihnen folgende Bücher:

1. ***The Tyndale Old Testament Commentary Series.*** Sie enthalten Bände von Derek Kidner über das 1. Buch Mose, R. Alan Cole über das 2. Buch Mose, R. K. Harrison über das 3. Buch Mose, Gordon J. Wenham über das 4. Buch Mose und J. A. Thompson über das 5. Buch Mose.

2. ***The New International Commentary on the Old Testament.*** Diese Bücher beinhalten: 1. Mose 1 – 17 von Viktor

Hamilton, das 3. Buch Mose von Gordon J. Wenham, das 4. Buch Mose von Timothy R. Ashley, und das 5. Buch Mose von P.C. Craigie. Soviel uns bekannt ist, wurde der Kommentar über das 2. Buch Mose noch nicht veröffentlicht.

3. ***Die Keil und Delitch Kommentare*** über das Alte Testament sind ebenfalls grossartig; besonders wenn Sie gerne auf Hebräisch arbeiten.

4. Seit Veröffentlichung der ersten Auflage unserer englischen Ausgabe dieses Buches *(„Torah Rediscovered")* haben wir eine grossartige Trilogie von Büchern über den ganzen Tanach von einem ausserordentlichen Gelehrten, Walter Kaiser, gefunden. Wir empfehlen alle seine Schriftwerke aufs Wärmste. Leider konnten wir keines dieser Bücher für unser eigenes Studium der Torah sicherstellen, deshalb sind sie auch nicht in unserem Literaturnachweis aufgeführt. Ironischerweise ist es manchmal sehr schwierig, die gewünschten Bibelquellen gerade hier in Israel zu erhalten!

5. Für diejenigen unter Ihnen, die sich noch nicht ganz reif für solche anspruchsvollen Arbeiten fühlen, empfehlen wir wärmstens die Bibelkommentare von ***Dr. Louis Goldberg.*** Soweit uns bekannt ist, hat er nur Kommentare zum 3. und 5. Buch Mose geschrieben. Beide sind Teil der Zondervan's „Lamplighter Books"-Serie.

6. Soviel wir wissen, wurde nur ein Kommentar über die Torah (vom 1. Buch Mose) veröffentlicht, aber jeder Kommentar von ***Dr. James M. Boice*** und ***Dr. Leon Morris*** wird reichhaltig im Lesen und mit vielen hilfreichen Ansichten ausgestattet sein.

7. Einer unserer Lieblingskommentare wird von der Jewish Publication Society of Philadelphia herausgegebenen und heisst **The *JPS Torahh Commentary*** (liebevoll auch einfach „Der JPS" genannt). Er wird in fünf Bänden herausgegeben und ist für hebräische Wortbedeutungen und geschichtlichen Hintergrundstoff besonders hilfreich.

8. Es kann auch sehr lehrreich sein, die verschiedenen Themen, die in der Torah diskutiert werden, nachzuschlagen. Unser

Lieblingsort dafür ist die ***International Standard Bible Encyclopedia.***

Sicher gibt es viele ausgezeichnete Torah-Kommentare neben den bereits von uns erwähnten. Wir möchten Sie deshalb ermutigen, Ihren persönlichen Favoriten zu finden!

Jüdische Kommentare

Natürlich wurden die ältesten Kommentare zur Torah von jüdischen Gelehrten geschrieben. Jeder Torahschüler sollte mindestens ein wenig mit den klassischen, jüdischen Werken auf diesem Gebiet vertraut sein. Wirklich ernsthafte Studenten der Torah *müssen* sich mit den jüdischen Kommentaren auseinandersetzen!

Diejenigen unter Ihnen, die noch nie im See der rabbinischen Literatur geschwommen sind, brauchen vielleicht etwas Hilfe, um ihre Füsse nass zu bekommen. Es kann sehr trickreich sein, wenn Sie nicht darauf vorbereitet sind, in einer ganz anderen Art und Weise zu denken. Der Schlüssel, um jüdische Kommentare verstehen zu können ist es, zu begreifen, dass die Rabbis eine andere Methode der Bibelauslegung verwenden als die meisten Evangelikalen. Sie suchen nach mindestens vier Ebenen zur Auslegung von jedem gegebenen Text. Die erste Ebene beginnt mit der wortgetreuesten und offenkundigsten Bedeutung der Worte oder des Textes. Dies ist jedoch nur der Anfang. Das Ziel ist es, nach dem tiefsten Sinn von jedem Ausdruck, jedem Wort oder sogar hebräischen Buchstaben zu suchen. Um diese Aufgabe zu bewältigen, benützt man hier häufig die allegorische Methode der Auslegung. Diese wird dann angewendet, wenn wenig oder gar nichts durch das Arbeiten an der wortgetreuen oder offenkundigen Ebene gewonnen werden kann, und ermöglicht es, jeden Abschnitt in einem symbolischen oder geistlichen Sinn zu verstehen. Wie Sie sich vorstellen können, spielen geschichtliche Hintergründe – wenn sie hier nur von Zeit zu Zeit angewendet werden – beim Gewährleisten des letztendlichen Verständnisses des Textes nur eine geringfügige Rolle.

Es gibt noch eine einzigartige Besonderheit zur rabbinischen Auslegung. Das ist die Anwendung der *Gematria*. Sie ist ein System zur Auslegung von biblischen Texten durch Bestimmung der Zahlenwerte von jedem einzelnen Wort. Dieses System basiert auf der Tatsache, dass jeder hebräische Buchstabe auch gleichzeitig einen Zahlenwert besitzt. Diese Zahlenwerte und deren Kombination wird angewendet, um Bedeutungen „hinter" dem Text zu erschliessen. Es ist jedoch nicht so einfach, wie es vielleicht in dieser Erklärung klingen mag. Es wurden wirklich bereits mehrere Bücher herausgegeben, die darin die Schwierigkeiten des ganzen Systems der Gematria erklären. Neben den verschiedenen hermeneutischen Methoden, welche die Rabbis benützen, muss jeder, der jüdische Kommentare verwendet, ebenso verstehen, dass die jüdische Weltanschauung oft drastisch anders ist als die evangelikale „Standard-Meinung" – sollte eine solche existieren!

Ungeachtet dieser kulturellen Unterschiede ist es sehr hilfreich, die klassischen (und manchmal nicht so klassischen) jüdischen Kommentare zur Torah zu lesen. In manchen Fällen wurde den Weisen gewaltige Erkenntnis über den biblischen Text gegeben. In anderen Fällen können wir uns jedoch nur wundern, wie um alles in der Welt sie überhaupt je zu dieser oder jener Ansicht gekommen waren. Deshalb schlagen wir Ihnen nicht vor, Sie sollten die Erläuterung eines Rabbis einfach gutheissen, nur weil es ein Rabbi oder ein Weiser sagte. Im Gegenteil: Jede Auslegung sollte sorgfältigst und treu geprüft werden! Die jüdischen Kommentare bieten uns jedoch einen anderen Einblick in die Torah. Sie können auch zum Verlauf einer Auslegung von einem bestimmten Text beitragen. Manchmal – besonders wenn wir den Midrasch, Targum oder Talmud studieren – schauen wir wirklich nach, wie die Weisen weit vor der Zeit Jeschuas, die Bibel verstanden hatten (je nachdem, wessen Standpunkt wir lesen). Dies kann beim Bibelstudium – besonders der Torah – manchmal äusserst hilfreich sein. Ausserdem ist es interessant zu lernen, wie die jüdischen Weisen spezielle Abschnitte in einer Zeit verstanden, die den reaktionären Erklärungen voranging, die nach der christlichen Ära anfing.

Nachfolgend ist nun ein kurzer, kommentierter Literaturnachweis von einigen der wichtigsten jüdischen Schriftwerke, die einen Kommentar zur Torah abgeben.

1. ***Der Talmud*** (Babylonischer und Jerusalemer Talmud). Dies ist eine riesige Sammlung des mündlichen Gesetzes, welches zum ersten Mal um 500 uZ aufgeschrieben wurde. Einiges vom Inhalt spiegelt allerdings eine mündliche Überlieferung aus einer Zeit weit vor der Ankunft Jeschuas wieder. Vieles vom Talmud besteht aus gesetzlichen Debatten der Rabbis untereinander. Er enthält jedoch auch sehr viele Kommentare zur Torah. Von der Socino Press gibt es eine englische Auflage mit einigen Fussnoten und mehreren verschiedenen Stichwortverzeichnissen. Wir denken, dass auch ArtScroll eine englische Auflage mit vielen sorgfältig ausgearbeiteten, erklärenden Fussnoten hat.

2. ***Die Mischna.*** Dies ist der erste von den zwei Teilen des Talmud. Der andere Teil nennt sich Gemara (der grössere Anteil, der die Mischna dann sorgfältig ausarbeitet). Dies ist das mündliche Gesetz. Aber wie der Talmud selbst beinhaltet sie auch viele Kommentare zur Torah und besteht ausserdem aus vielen gesetzlichen Teilen. Sie ist leichter zu erwerben als der Talmud. Die berühmteste einbändige Auflage ist die englische Übersetzung von Herbert Danby.

3. ***Der Midrasch Rabba*** ist ein ganz spezieller Kommentar. Es gibt mehrere Midraschim aus früheren Zeiten. Aber der Midrasch Rabba ist der berühmteste, der auf englisch erhältlich ist. Es ist ein Satz aus mehreren Bänden von Kommentaren zur Torah und den Megilot (Das Hohelied Salomos, Ruth, Klagelieder, Prediger und Esther). Der Midrasch Rabba ist ein klassisches Beispiel von allegorischen Methoden der Auslegung und wurde zwischen 300 und 900 uZ niedergeschrieben.

4. Die ***Aramäischen Targums*** sind Umschreibungen und Übersetzungen der Hebräischen Heiligen Schrift aus der Zeit gegen Ende des Zweiten Tempels (einige gibt es nun auch in Englisch). Sie liefern uns einen wichtigen Einblick darüber, wie ein Text der Torah zu dieser Zeit verstanden wurde, und auch zum Teil vor der Zeit Jeschuas.

5. Es gibt mehrere „Torah-Studienbibeln", die in der jüdischen Welt in Umlauf sind. Einen solchen Band nennt man *„Chumasch",* was vom hebräischen Wort „fünf" abstammt. Er bezieht sich auf die fünf Bücher des Mosche, in der Torah. Diese *Chumaschim* beinhalten die Torah mit hebräischem und deutschem Text. Manchmal bieten sie auch Targum Okelos in Aramäisch an. Der Text ist nach den wöchentlichen Abschnitten eingeteilt. Jeder Abschnitt hat seinen nachfolgenden Haftara-Teil (oder wöchentliche Lesung aus den Propheten), der so erwählt wurde, dass er zur Torah-Lesung passt. Ebenso gibt es erklärende Fussnoten dazu.

Unser Lieblings-Chumasch heisst ***The Pentateuch and Haftarahs,*** der von Rabbi J. H. Hertz verfasst wurde (auf Deutsch: *Hertz Pentateuch und Haftaras* [jedoch nur antiquarisch und für einen sehr hohen Geldbetrag erhältlich]). Er nimmt es am wörtlichsten und bietet uns überdies viele ausgezeichnete geschichtliche Fussnoten. Ausserdem gibt es auch viele andere berühmte Bände zur Auswahl: unter anderem den ArtScroll-Chumasch und ein anderes, das von Rabbi S. R. Hirsch (auf Deutsch ebenfalls nur antiquarisch erhältlich) verfasst wurde. Alle drei (wie auch die anderen) können ganz mühelos auf Englisch in einem jüdischen Buchladen gekauft werden.

Die oben genannten Literaturwerke sind der beste Weg, um einen jüdischen Kommentar für irgendeinen bestimmten Abschnitt in der Torah zu erhalten. Es gibt auch individuelle Kommentare zur Torah, die von einigen berühmten und wichtigen Weisen geschrieben wurden. Hier sind einige von ihnen:

1. **Raschi.** Er ist der am meisten respektierte, jüdische Kommentator und schrieb Kommentare zur Torah um 1000 uZ. Seine

Kürze ist täuschend. Jeder jüdische Student kennt Raschi. Von einem Gelehrten wird er sogar „Der Prinz der jüdischen Bibelkommentatoren“ genannt.

2. **Rambam.** Rabbi Mosche ben Maimon (Maimonides) schrieb so um die 1100 uZ einen sehr respektierten Kommentar zur Torah. Er war ebenfalls ein weltberühmter Arzt!

3. **Ramban.** Wie auch bei Raschi und Rambam ist „Ramban“ nicht der richtige Geburtsname dieses Kommentators, sondern ein Pseudonym, das aus den ersten Buchstaben seines persönlichen Namens abgeleitet wurde. Während er um die 1200 uZ schrieb, war er sich manchmal mit Rambam (Mosche ben Nachman) uneinig. Sein Kommentar ist gewürzt mit der Kabbala (mystische Schriften) und spiegelt möglicherweise einiges seiner berühmten Debatten mit den christlichen Theologen wider.

4. **Ibn Ezra, Abravanel** und **Sforno** sind alle sehr berühmte Kommentatoren aus der frühen Renaissance in Europa.

5. **Rav Kook.** Der erste Haupt-Rabbiner des (damaligen) Palästina ist jemand, den man in sein Torahstudium ernsthaft einbeziehen sollte.

6. **Nechama Leibowitz.** Es ist höchst ungewöhnlich, hier eine weibliche Bibelkommentatorin zu haben, die von der orthodoxen jüdischen Welt respektiert und zugelassen wird. Der mehrbändige Torahkommentar von Leibowitz erklärt nicht einzelne Verse, sondern wirft viele hilfreiche Fragen auf und sorgt für viele äusserst erkenntnisreiche Bemerkungen zu den behandelten Themen aus der Torah.

7. Schlussendlich noch dies: von **Rabbi Elie Munk** gibt es auch einen grossen, mehrbändigen Torah-Kommentar. Munk versorgt uns hier mit einer grossartigen Zusammenfassung von dem, was die klassischen Weisen wie Raschi und Rambam zu einem bestimmten Text sagen. Er versucht, jeden einzelnen Vers zu kommentieren.

8. Es ist zwar kein Kommentar, aber die *Encyclopedia Judaica* hat sich trotzdem immer wieder als hilfreich für Hintergrund-

informationen betreffs jüdischer Studien und jüdischer Torah-Auslegung erwiesen.

Messianisch-Jüdische Kommentare

Aus uns unerklärlichen Gründen gibt es sehr wenig Torah-Kommentare, die von jüdischen Gläubigen geschrieben wurden – besonders von denen, die einen Lebensstil nach der Torah befürworten.

Wie wir anfangs erwähnten, hat Dr. Louis Goldberg ehrwürdige Literaturwerke über das 3. und 5. Buch Mose verfasst, die als Nachschlagewerk sehr nützlich sind.

Bibelvers-Nachweis

1. Buch Mose

Mose 2, 1 – 3
Mose 12
Mose 15
Mose 26, 5

2. Buch Mose

2. Mose 6
2. Mose 6, 6 + 7
2. Mose 19, 5 – 7
2. Mose 19, 9
2. Mose 19 ff
2. Mose 20
2. Mose 31, 12 – 17
2. Mose 31, 18
2. Mose 34, 27

3. Buch Mose

3. Mose 11
3. Mose 15, 19 – 24
3. Mose 23
3. Mose 23, 14 + 21

4. Buch Mose

4. Mose 6
4. Mose 15
4. Mose 15, 37 – 40

5. Buch Mose

5. Mose 1, 1 – 5
5. Mose 1, 6 – 4, 49
5. Mose 3, 25
5. Mose 4
5. Mose 4, 5 – 8
5. Mose 5, 1 – 26, 19
5. Mose 12
5. Mose 17, 14 – 20
5. Mose 17, 8 – 13
5. Mose 27 – 30
5. Mose 29, 1
5. Mose 30, 11 – 14
5. Mose 30, 14 + 15
5. Mose 30, 19
5. Mose 30, 19 + 20
5. Mose 31, 1 – 8
5. Mose 31, 9 – 13
5. Mose 32, 47

Apostelgeschichte

Apg. 15
Apg. 15, 9
Apg. 15, 19 – 21
Apg. 15, 19 + 20
Apg. 15, 21
Apg. 21
Apg. 21, 15 – 26
Apg. 21, 17 – 26
Apg. 21, 20 ff
Apg. 21, 21

Worterklärungen

Aus gewissen Gründen haben wir uns entschlossen, die jüdische Form von einigen bestimmten Worten und Ausdrücken in diesem Buch zu verwenden. In erster Linie deshalb, um ein jüdisches Gespür beizubehalten, damit das Buch für unsere jüdischen Leser „benutzerfreundlich“ ist. Die Worterklärungen sollen denjenigen Lesern dienen, denen diese jüdische Fachsprache unbekannt ist.

Manchmal ist es schwierig, gewisse Worte von der einen in eine andere Sprache wortwörtlich zu übersetzen. So sind auch uns hier entsprechende Probleme beim Übersetzen von hebräischen oder griechischen Worten ins Englische begegnet (und somit auch ins Deutsche). Deshalb haben wir in den Fällen, in denen mehr als eine Art der Wiedergabe möglich ist, verschiedene Arten der Buchstabierung aufgelistet.

ז״ל – Diese hebräische Abkürzung folgt häufig dem Namen einer verstorbenen Person. Die zwei hebräischen Worte in dieser Abkürzung bedeuten: „Möge die Erinnerung an diese Person zum Segen sein“.

Brit Chadascha – wörtlich „Neues Bündnis”. In unserem Fall hier bezieht es sich in diesem Buch auf das Neue Testament.

Chukim – hebräisch für „Weisungen“

Chumasch – die ersten fünf Bücher der Bibel: das 1. bis 5. Buch Mose. Der Ausdruck stammt vom hebräischen Wort „fünf”.

Chuppa – ein Baldachin (Trauhimmel) bei einer jüdischen Hochzeit, unter dem die Hochzeitsgesellschaft während der Feier steht.

Erste Jüdische Revolte – Die Erste Jüdische Revolte war eine Rebellion gegen die römische Regierung, die in den Jahren 66 – 73 uZ stattfand. Das Ergebnis war die Niederlage der Juden und völlige Zerstörung des Tempels in Jerusalem.

Gemara – „Vervollständigung". Dies ist der zweite und grössere Teil des zweiteiligen Literaturwerkes, das als Talmud zusammengefasst ist. Die Gemara vervollständigt die Mischna, indem sie ihr gleichsam wie ein Kommentar dient.

Haftara – Um die Torah-Abschnitte zu ergänzen, wurden die Propheten und Schriften ebenfalls in Wochenabschnitte eingeteilt und werden im Anschluss an den Torah-Abschnitt gelesen.

Halacha – ist vom hebräischen Wort „wandeln" abgeleitet. Aufgrund der Lehren aus der schriftlichen wie auch der mündlichen Torah ist dies der Weg, den jemand gehen sollte, oder wie er sein Leben leben sollte. In gewisser Hinsicht ist halachisches Judentum gleichermassen das rabbinische oder traditionelle Judentum. Eine Halacha ist auch eine spezielle gesetzliche Entscheidung, die eine Person in einem ganz bestimmten Lebensumstand befolgen sollte.

Die **hebräischen Namen von den Büchern der Torah:**

Hebräischer Name	Wörtliche Übersetzung	Deutscher Name
Bereschit	Im Anfang	1. Buch Mose, Genesis
Schemot	Namen	2. Buch Mose, Exodus
Wajikra	Und Er rief	3. Buch Mose, Levitikus
Bamidbar	In der Wüste	4. Buch Mose, Numeri
Dewarim	Worte	5. Buch Mose, Deuteronomium

Ja'akov – der hebräische Name von Jakobus und Johannes

Jeschua – der hebräische Name von Jesus

Jom Kippur – Versöhnungstag

Jom Terua – Im traditionellen Judentum wird dieser Feiertag (mo'ed) Rosch HaSchana genannt. Biblisch gesehen wurde dieser Tag speziell abgesondert, um das Schofar zu blasen.

Ketuba – ein schriftlicher jüdischer Ehevertrag

Kirchenväter – die christlichen Gelehrten und Führer, die zwischen 100 und 450 uZ predigten und Schriftstücke verfassten.

Koscher – heisst: „geeignet, um nach den jüdischen Nahrungsmittelgesetzen gegessen werden zu können". Der Substantiv wird von kaschrut abgeleitet, was soviel wie das System der jüdischen Nahrungsmittelgesetze bedeutet.

Maimonides (Rambam) – ist einer der respektiertesten Weisen im Judentum. Rabbi Mosche ben Maimon (so sein vollständiger hebräischer Name) lebte um 1100 uZ. Er war ein Fachmann der Torah und des jüdischen Gesetzes. Maimonides wurde in Spanien geboren, lebte für kurze Zeit in Israel und dann den Rest seiner Tage als Arzt am Hof des Sultans von Ägypten. Er schrieb mehrere wichtige Literaturwerke und ist durch seine Mischne Torah vermutlich am bekanntesten.

Megila, Megilot (Mz.) – eine Schriftrolle von einem der folgenden fünf Bücher der Bibel: Esther, Das Hohelied Salomos, Ruth, Klagelieder und Prediger.

Mesusa – heisst wörtlich „Türpfosten". Es bezieht sich auf ein kleines Stück Pergamentpapier mit Versen aus der Heiligen

Schrift, von denen die Torah uns befiehlt, sie an den Türpfosten unseres Hauses zu befestigen.

Midrasch – 1) Eine Vorgehensweise, den Tanach auszulegen und betont die allegorische Methode der Auslegung. Es ist auch ein predigtartiges Vorgehen, einen biblischen Text zu betrachten – im Vergleich zu einem lehrmässigen, wörtlichen Angehen desselbigen. 2) Der Name einer ganz bestimmten Sammlung von Kommentaren, in denen die midrachische Methode der Auslegung angewendet wurde. Der bekannteste davon ist der Midrasch Rabba, der ein Kommentar zur gesamten Torah plus den fünf Megilot ist. Obwohl er ungefähr um das vierte und fünfte Jahrhundert uZ zusammengestellt wurde, beinhaltet dieser Midrasch sogar einigen Themen aus der Zeit Jeschuas und davor.

Mikva – ein zeremonieller Teich zum Untertauchen

Mischkan – Die Stiftshütte

Mischna – Dies ist eine fachmännische Sammlung der mündlichen Torah. Sie wurde von Rabbi Jehuda haNasi (Rabbi Juda der Prinz) um das Jahr 200 uZ zusammengestellt. Die Mischna beinhaltet die kleinere der zwei Schriftstücke, aus denen der Talmud besteht.

Mischpatim – hebräisch für „Gerichte".

Mizwa, mizwot (Mz.) – ein Gebot.

Mo'ed, Mo'adim (Mz.) – wörtlich „festgesetzte Zeiten". Ein mo'ed ist ein biblischer Feiertag: entweder ein Fest oder ein Fasten. Eine Liste der mo'adim befindet sich im 3. Buch Mose Kapitel 23.

Mosche – Moses. „Mosche Rabbenu" bedeutet „Moses, unser Lehrer".

Nazarener – nicht die Kirchendenomination, die diesen Namen trägt! Die Nazarener waren eine Gruppe unbestimmter Anzahl von jüdischen Gläubigen an Jeschua, aus der Zeit der ursprünglichen Apostel bis anfangs 400 uZ. Sie waren gekennzeichnet durch Emporheben Jeschuas, ihre Anerkennung der kanonisierten Briefe des Scha'ul von Tarsus als Heilige Schrift und ihrer Treue zur Torah.

Nidda – dieser Ausdruck wird benützt um die Zeitspanne der Trennung zwischen Mann und Frau während ihrer Menstruation zu benennen.

Parascha, paraschiot (Mz.) – die Wochenabschnitte der Torah. Zur Zeit ist die Torah in 54 Abschnitte aufgeteilt, welche Woche für Woche ein Jahr lang gelesen und studiert werden. Früher dauerte solch ein Torah-Lesezyklus drei Jahre lang. Eine Parascha (Abschnitt) wird auch manchmal Sidra genannt.

Passa(fest), Pessach (hebräisch) – Dies ist das uns biblisch befohlene Fest gegen Ende März oder Anfang bis Mitte April, welches den Auszug der Israeli aus der ägyptischen Knechtschaft feiert.

Rabbi Jehuda haNasi – einer der bedeutendsten Rabbis aller Zeiten. Ihm wird es zugeschrieben, um 200 uZ das schriftlich zusammengestellt zu haben, was nun Mischna genannt wird. Dies sind die traditionellen mündlichen Lehren. Im Talmud wird er einfach „der Rabbi" genannt.

Rabbi Jochanan ben Zakkai – Dieser bedeutende Weise war einer der pharisäischen Überlebenden der Ersten Jüdischen Revolte gegen Rom. Er führte seine Jünger von Jerusalem nach Javne (in der Nähe des heutigen Tel Aviv), wo sie damit anfingen, ein Judentum zu errichten, das ohne den Tempel zu existieren hatte. Ihm wird es oft zugeschrieben, das rabbinische Judentum auf die Beine gestellt zu haben.

Raschi – wird im Allgemeinen als der grösste jüdische Kommentator angesehen und lebte um 1000 uZ in Frankreich. Er verfasste viele literarische Werke, einschliesslich einen äusserst geachteten Kommentar über die Torah. Sein richtiger Name war Rabbi Schlomo ben Jitzhak.

Rav Scha'ul – Dies ist eine jüdische Art, sich auf Paulus zu beziehen. Sein hebräischer Name war Scha'ul (Saulus). Aufgrund seiner Position als Lehrer und seiner Ausbildung im rabbinischen Denken haben wir ihm den Ehrentitel „Rav" verliehen.

Schabbat – Der siebte Tag der Woche und wird auf Deutsch oft Sabbat oder einfach Samstag genannt.

Schadchan – ein Ehestifter, der hilft, eine jüdische Hochzeit in die Wege zu leiten.

Schawuot, Pfingsten – der fünfzigste Tag nach dem Pessach Schabbat. Im Judentum ist Schawuot die Zeit, in der wir an die Gabe der Torah am Berg Sinai denken. Es ist auch ein Feiertag der Erstlingsfrüchte. Es war am Schawuot, als der Geist Gottes auf die ersten jüdischen Nachfolger Jeschuas kam, als sie im Tempel anbeteten.

Schofar – das Horn eines Widders, das an Rosch HaSchana und anderen Feiertagen geblasen wird.

Schulchan Aruch – Wörtlich bedeutet dieser hebräische Ausdruck „gedeckter Tisch". Es ist der Titel einer Zusammenfassung der Halacha, dem jüdischen Gesetz, die von Josef Caro im 16. Jahrhundert verfasst wurde.

Sefer Torah – Die Torahrolle

Septuaginta – Die Übersetzung der hebräischen Schriften ins

Griechische um 250 vuZ. Dies war die erste bekannte Übersetzung des Tanach. Sie wird oft mit LXX abgekürzt.

Sukkot – das Laubhüttenfest. Dies ist ein uns biblisch befohlenes Fest gegen Ende September oder Anfang bis Mitte Oktober, als das jüdische Volk vorübergehend eine Woche lang in Hütten lebte und die Fürsorge Gottes feierte.

Tahor – in einem Status von zeremonieller Reinheit sein. Dies ist ein sehr schwer ins Deutsche zu übermittelnder Begriff. Eine Person, die tahor ist, wurde aus einem erklärten Status der zeremoniellen Unreinheit entfernt und von Gott als frei von den Spuren seines oder ihres Kontakts mit dem Reich der Sünde und/oder des Todes erklärt. Die Mittel, um den äusserlichen Status von „tamei" in „tahor" zu verwandeln, bedingten normalerweise das vorgesehene Opfer und die Reinigung durch Wasser.

Talmid, talmidim (Mz.) – Ein(e) «Lernende(r) oder Student(in). Ein Talmid war auch ein Student, der ebenso ein richtiger Nachfolger war: Er lernte nicht nur die Tatsachen, sondern auch das Leben von seinem Lehrer.

Talmud – Die zweiteilige massgebliche Zusammenfassung des mündlichen Gesetzes. Der Hauptteil, aber kürzere Teil, ist die Mischna. Nach jedem Zitat der Mischna folgt ein zweiter und längerer Teil, der Gemara (ein Kommentar zur Mischna), genannt wird. Eigentlich gibt es zwei Talmude. Das massgeblichere Literaturwerk ist der Babylonische Talmud, denn er wurde von den Weisen zusammengestellt, die in oder bei Babylon um 500 uZ lebten. Der zweite – der Jerusalemer Talmud, oder «Palästinensischer Talmud» genannt – wurde von den Weisen zusammengestellt, die in dem damals von dem Römern benannten «Palästina» lebten – nicht in Jerusalem. Auch seine Datierung ist unbekannt. Viele glauben jedoch, dass er kurz vor dem Babylonischen Talmud beendet wurde. Die englische Ausgabe von der Socino Press benötigt etwa 1 Meter Länge im Bücherregal!

Tamei – in einem Status von zeremonieller Unreinheit sein. Wie auch der Begriff tahor ist dies ein ins Deutsche schwierig auszudrückender Begriff. Eine Person, die tamei ist, kam in Kontakt mit dem Reich der Sünde und/oder des Todes. Es bedeutet jedoch nicht immer, dass diese Person selbst gesündigt hat.

Tanach – ist ein Pseudonym für das Alte Testament. T = Torah; N = Newi'im (Propheten); Ch = Chetowim (Hagiographen/Schriften). Dies ist die dreifache Einteilung des Tanach.

uZ, vuZ – Dies ist eine jüdische Art, die Jahrhunderte zu datieren oder anzusehen; vuZ = vor unserer Zeitrechnung und uZ = nach unserer Zeitrechnung (AD). Auch wenn wir diese Ausdrücke verwenden, versuchen wir in keiner Weise, Jeschua als Mittelpunkt in unserem Leben zu verringern oder Ihn Seiner gebührenden Ehre zu berauben. Wir bemühen uns einfach nur, sensibel mit jüdischen Gefühlen umzugehen.

Das **Zählen der Tage** – Dies ist ein ganz bestimmter Zeitraum, der im 3. Mose 23 genau angegeben wird, und auf die Zeit zwischen Pessach und Schawuot fällt. Uns wird einfach nur gesagt, „ihr sollt die Tage zählen".

Ziziot – die „Schaufäden" an einem viereckigen Kleidungsstück, das von praktizierenden jüdischen Männern getragen wird.

Die **Zweite Jüdische Revolte** – ist eine weitere Revolte gegen die römische Besatzung von Israel, die zwischen 132 und 135 uZ stattfand. Diese Rebellion, die von Simon bar Kochba angeführt wurde, scheiterte ebenfalls. Das Ergebnis war, dass sich die Juden nicht mehr in der Nähe von Jerusalem aufhalten durften. Die Römer änderten dann den Namen Jerusalems in Aelia Capitolina. Technisch gesehen ist dies die Dritte Jüdische Revolte. Es war jedoch die zweite, die in dem Land stattfand, das die Römer Palästina nannten.

Schlussnotizen

Einleitung

[1] David H. Stern, Messisanic Jewish Manifesto (Jerusalem, 1988), S. 125.

Kapitel 1

[2] R. Laird Harris, ed., Theological Workbook of the Old Testament (Chicago, 1980), S. 403 + 404.
[3] Rabbi Aryeh Kaplan, Made in Heaven (Jerusalem, 1983), S. 99.
[4] David Bivin und Roy Blizzard Jr., Understanding the Difficult Words of Jesus (Austin: Center for Judaic-Christian Studies, 1984), S. 154.
[5] Richard Longenecker weist darauf hin, dass die jüdischen Gläubigen nach den Aposteln Jeschua auch mit dem Namen „Die Torah“ (haTorahh) bezeichneten. Siehe The Christology of Early Jewish Christianity, S. 39 – 41. Siehe ebenso J. Danielou, The Theology of Jewish Christianity.

Kapitel 2

[6] William Arndt und J. Wilbur Gingrich, A Greek-English Lexicon of the New Testament (Chicago, 1957, 1973), S. 608.

Kapitel 3

[7] Rabbi Shlomo Riskin, Ruth: „The Book of Religio-nationality,“ The Jerusalem Post, 23. Mai 1996, S. 11.
[8] Francis Brown, S. R. Driver, und Charles A. Briggs, A Hebrew and English Lexicon of the Old Testament (Oxford, 1907, 1966), S. 716 – 720.

Kapitel 4

[9] Arnold G. Fruchtenbaum, Israelogy (Tustin, 1989), S. 643.
[10] Im Talmud (Yoma 39b) findet man eine faszinierende, ausserbiblische Bestätigung vom veränderten Status des Zweiten Tempels nach Jeschuas Tod und Auferstehung. Hier erzählen die Weisen, dass sich 40 Jahre (eine Generation) bevor der Tempel von den Römern 70 uZ zerstört wurde, einige sonderbare Phänomene im Tempel ereignet hatten, die darauf hinwiesen, dass Sühne am Jom Kippur von Gott nicht akzeptiert wurde. Dies bestärkt ganz wunderbar den Bericht in den Evangelien: dass der Vorhang, der das Heilige vom Allerheiligsten trennte, im Moment des Todes Jeschuas zerriss, und somit auf einen freien Zugang in den innersten Raum mit Gott durch die Sühne des Messias hinwies.
[11] John F. Walvoord, ed. Lewis Sperry Chafer Systematic Theology Band II „Abridged Edition" (Wheaton, 1988), II 414.
[12] Rabbi Yechiel Eckstein, What You Should Know About Jews and Judaism (Waco, 1984), S. 25.
[13] Walvoord, S. 415.
[14] Ray A. Pritz, Nazarene Jewish Christianity (Jerusalem, 1988, 1992), S. 108, 70.
[15] Stern, Manifesto, S. 14 + 15.
[16] Stern, Manifesto, S. 13.

Kapitel 5

[17] Rabbi Benjamin Blech, Understanding Judaism (Northvale, 1991), S. xviii.
18 Stern, S. 125 + 126.

Kapitel 6

[19] Harvey Lutzke, The Book of Jewish Customs (Northvale, 1986), S. 175.
[20] Rabbi Pinchas Kehati, Mishnah: Seder Nezikin, vol 4 (Jerusalem, 1994), VII 7.
[21] Rabbi Simcha Cohen, „Divine Origin of the Oral Torahh," in Return to the Source: Selected Articles on Judaism and Teshuva (Jerusalem, 1984), S. 163.
[22] Rabbi S. Cohen, S. 162.

[23] Rabbi S. Cohen, S. 163.
[24] Rabbi S. Cohen, S. 163.
[25] Rabbi S. Cohen, S. 162.
[26] Rabbi S. Cohen, S. 168 + 169.
[27] David Flusser, Jewish Sources in Early Christianity (Tel Aviv, 1989), S. 21.
[28] David Flusser, S. 22.
[29] Siehe zum Beispiel Markus 7, 1 – 15 (besonders Verse 11 – 13).
[30] David Friedman, „The Positive Value of Rabbinic Literature," Tishrei Band 2 Nr. 2 (Winter 1993 – 1994), S. 7 + 8.
[31] David Friedman, S. 8.
[32] Kehati, VII 7.
[33] Vergleichen Sie unsere Auslegung von 5. Mose 30, 11 – 14 mit der rabbinischen Standard-Anwendung dieses Abschnitts. Das typisch rabbinische Verständnis wird mit der klassischen Abhandlung der Halacha unter dem Titel: Not in Heaven, von Rabbi Eliezar Berkovitz wiedergegeben. Hier behauptet er, dass Gott jene damit beauftragt hat, die dafür qualifiziert sind, die Halacha für die tägliche Anwendung der mündlichen Überlieferung und der schriftlichen Torah zu erläutern. Er sagt, dass wir nicht in den «Himmel» schauen sollen, d.h. Gott für halachische Entscheidungen anfragen, sondern in die mündliche Tradition und Entscheidungen der Rabbis.
[34] E. William Bean, New Treasures, S. 80, zitiert Pinchas Lapid.
[35] E. William Bean, S. 80.

Kapitel 7

[36] Merrill C. Tenney, New Testament Introduction (Leicester, 1961, 1988), S. 234.
[37] David Stern, Kommentar zum Jüdischen Neuen Testament (3 Bände), (Hänssler Verlag Stuttgart, 1996), Band 1 S. 475.
[38] Hugh J. Schonfield, The History of Jewish Christianity (London), S. 54. Bitte beachten Sie, dass Schonfield eine grössere Veränderung in seinem Leben mitmachte. Anfangs seiner Laufbahn war er ein bekennender Gläubiger an Jeschua. Zu dem Zeitpunkt schrieb er seine History (Geschichte). Als sich jedoch die Dinge drastisch veränderten, schrieb er später solche häretischen Bücher wie The Passover Plot. (Siehe Daniel Juster, Jewish Roots, S. 150 + 151).

[39] Der „Segensspruch“ ist im Moment die Nr. 12 der Amidah und heisst: „Den Verleumdern sei keine Hoffnung, und alle Ruchlosen mögen im Augenblick untergehen, alle mögen sie rasch ausgerottet werden, und die Trotzigen schnell entwurzle, zerschmettre, wirf nieder und demütige sie schnell in unseren Tagen. Gelobt seist du, Ewiger, der du die Feinde zerbrichst und die Trotzigen demütigst!“ Wie Sie sehen können, sind die Aussagen viel zu allgemein, um ausschliesslich gegen Messianische Juden gerichtet zu sein. Aber der Segensspruch hat sie bestimmt mitgemeint, als er seinen Beginn in der Amidah fand.

[40] Samuele Bacchiocchi, From Sabbath to Sunday (Rom, 1977), S. 230.

[41] Earle E. Cairns, Christianity Through the Centuries (Grand Rapids, 1954, 1973), S. 152.

[42] Edward J. Flannery, The Anguish of the Jews (Mahwah, 1985), S. 50-52.

[43] „Law“, The Dictionary of New Testament Theology, 1967, 1976, II 439 + 440.

[44] C.E.B. Cranfield, Romans (Edinburgh, 1975, 1990), II 853.

[45] „Law“, Dictionary, II 445.

[46] David Stern, Kommentar zum Jüdischen Neuen Testament (3 Bände), (Hänssler Verlag Stuttgart, 1996), Band 1 S. 111.

Literaturnachweis

Arndt, Dr. William and Gingrich, Dr. J. Wilbur. A Greek-English Lexicon of the New Testament (Chicago: The University of Chicago Press/Zondervan Publishing House, 1957, 1973).

Bacchiocchi, Dr. Samuele. From Sabbath to Sunday (Rome: The Gregorian University Press, 1977).

Bivin, David and Blizzard, Roy, Jr. Understanding the Difficult Words of Jesus. Austin: Center for Judaic Christian Studies, 1984.

Blech, Benjamin. Understanding Judaism (Northvale: Jason Aronson, Inc., 1991).

Brown, Dr. Colin, Gen. Ed. The Dictionary of New Testament Theology, vol. 2 „Law" (Grand Rapids: Zondervan, 1967, 1976).

Brown, Dr. Francis, Driver, Dr. S.R., and Briggs, Dr. Charles A. A Hebrew and English Lexicon of the Old Testament (Oxford: The Clarendon Press, 1907, 1966).

Cairns, Dr. Earle E. Christianity Through the Centuries (Grand Rapids: Zondervan, 1954, 1973).

Cranfield, Dr. C.E.B. Romans (ICC series) vol. 1, II (Edinburgh: T & T Clark Ltd., 1975, 1990).

Douglas, Dr. J.D. The New International Dictionary of the Christian Church (Grand Rapids: Zondervan, 1974, 1979).

Eckstein, Rabbi Yechiel. What You Should Know About Jews and Judaism (Waco: Word, 1984).

Flannery, Edward J. The Anguish of the Jews (Mahwah: Paulist Press, 1985).

Flusser, Dr. David. Jewish Sources in Early Christianity (Tel Aviv: MOD Books, 1989).

Friedman, Dr. David. „The Positive Value of Rabbinic Literature," Tishrei, vol 2, no. 2 (Winter 1993-1994), 6-9.

Fruchtenbaum, Dr. Arnold G. Israelology (Tustin: Ariel Ministries Press, 1989).

Harris, Dr. R. Laird, ed. Theological Wordbook of the Old Testament, vol. 1 „Torahh" (Chicago: Moody Press, 1980).

Juster, Daniel. Jewish Roots (Rockville: Davar Publishing Co., 1986).

Kaplan, Rabbi Aryeh. Made in Heaven (Jerusalem: Monaim Publishing Corporation, 1983).

Kehati, Rabbi Pinchas. Mishnah: Seder Nezikin vol. 4 (vol XIII of the whole series) (Jerusalem: Elmer Library, Dept. for Torahh Education and Culture in the Diaspora, 1994).

Longenecker, Dr.Richard N. The Christiology of the Early Jewish Christianity (Grand Rapids: Baker, 1970, 1985).

Lutske, Harvey. The Book of Jewish Customs (Northvale: Jason Aronson, Inc., 1986).

McComiskey, Dr. Thomas Edward. The Covenants of Promise (Grand Rapids: Baker Bookhouse, 1985).

Needham, David C. Birthright (Portland: Multnomah Press, 1979).

„Oral Law," Encyclopedia Judaica (Jerusalem: Keter Publishing) vol. 12, 1440-1441.

Pritz, Dr. Ray A. Nazarene Jewish Christianity (Jerusalem: The Magnes Press, 1988,1998).

Return to the Source: Selected Articles on Judaism and Teshuva (Jerusalem: Feldheim Publishers, 1984).

Rosenfarb, Dr. Joseph. Talmud, Torahh, and Messianic Jews (Virginia Beach: Kochav Publishing, 1989).

„Ruth: The Book of Religio-nationality," The Jerusalem Post, 23 May 1996.

Schonfield, Hugh J. The History of Jewish Christianity (London: Drukkworth).

Stern, Dr. David H. Jewish New Testament Commentary (Jerusalem: Jewish New Testament Publications, 1993).

Stern, Dr. David H. Messianic Jewish Manifesto (Jerusalem: Jewish New Testament Publications, 1988).

Strack, Dr. H.L. and Stemberger, Dr. G. Introduction to the Talmud and Misdrash (Minneapolis: Fortress Press, 1992).

Tenney, Dr. Merrill C. New Testament Introduction (Grand Rapids: Eerdmans and Leicester: InterVarsity Press, 1961, 1988).

Thompson, Dr. J.A. Deuteronomy (TOTC) (Downers Grove: InterVarsity Press, 1974).

Tomson, Dr. Peter J. Paul and the Jewish Law (Minneapolis: Fortress Press, 1990).

Unpublished class notes from „Old Testament History", a course taught at Biblical Theological Seminary in 1975 by Dr. J. Robert Vannoy.

Walvoord, Dr. John F., ed. Lewis Sperry Chafer Systematic Theology vol. II „Abridged Edition" (Wheaton: Victor Books, 1988).

Wilson, Marvin R. Our Father Abraham (Grand Rapids: Eerdmans and Dayton, Ohio: Center for Judaic-Christian Studies, 1989).

Bibeln:

BHS Biblia Hebraica (Stuttgart, Deutschland: Stuttgartensia. Deutsche Bibelgesellschaft, 1990).
GNT Aland, Kurt; Black Matthew; Martini, Carlo M.; Metzger, Bruce M.; and Wikgren, Allen. The Greek New Testament. Third Edition. (Stuttgart: United Bible Societies, 1966, 1983).

JNT Stern, Dr. David H., trans. The Jewish New Testament (Jerusalem: Jewish New Testament Publications, 1989). Das Jüdische Neue Testament (Stuttgart: Hänssler Verlag, 1994).

Die Lutherbibel

Literaturempfehlung auf deutsch

Dies sind einige der besten deutschen Bücher, die wir ihnen empfehlen können, da sie uns helfen, unsere hebräischen Wurzeln zu schätzen. Wir sind nicht unbedingt mit allem einverstanden, was die Autoren geschrieben haben, denken jedoch, dass die Themen dieser Bücher wertvoll genug sind, um sie den Lesern zu empfehlen.

1. Mit Moses durchs Jahr – Ein Begleiter durch die Schatzkammer der Torah. Rainer Schmitt / Verlag: Schwengeler / ISBN: 3 – 85666 – 450 – 5

2. Zurück zum jüdischen im Evangelium – Eine Botschaft für Christen. David Stern / Verlag: Hänssler / ISBN: 3 - 7751 – 3830 – 7

3. Sind wir denn nicht frei – Christ sein zwischen Gesetz und Gnade. Horst Krüger / Verlag: Leuchter / ISBN: 3 - 8748 – 2280 – X

4. Torah.de – Das Buch – Die wöchentliche Auslegungen zu den fünf Büchern Mose. Ulf Diebel / Verlag: Leuchter / ISBN: 3 – 8748 – 2225 – 7

5. Was hat Jesus wirklich gesagt – Bibelstellen mit hebräischem Denken ausgelegt. David Bivin / Verlag: Leuchter / ISBN: 3 – 8748 - 2192 – 7

6. Unsere Hände sind mit Blut befleckt – Die tragische Geschichte der Christen und Juden. Michael L. Brown / Verlag: Mega Medien / ISBN: 3 – 9334 – 6121 – 9

7. Das jüdische Neue Testament – Das neue Testament in jüdischer Übersetzung / David H. Stern. Verlag: Hänssler / ISBN: 3 – 77511 – 626 – 5

8. Kommentar zum Jüdischen NT – Der jüdische Hintergrund und Erklärungen zum Neuen Testament. David H. Stern / Verlag: Hänssler / ISBN: 3 – 77512 – 592 – 2

9. Der Messias im AT – Die messianischen Verheissungen der Thora und der jüdischen Lehrschriften / Risto Santala / Verlag: Hänssler / ISBN: 3 – 7751 – 2779 – 8

10. Der gelbe Fleck – Wurzeln und Wirkungen des Judenhasses in der deutschen Geschichte. Rudolf Hirsch / Rosemarie Schuder. Verlag: Papy Rossa / ISBN: 3 – 89438 – 183 – 3

11. Von Babylon nach Rom – Der Ursprung der römisch-katholischen Kirche. Alexander Hislop / Verlag: CLV / ISBN: 3 – 89397 – 377 – X

12. Und wurden zerstreut unter alle Völker – Die nachbiblische Geschichte des jüdischen Volkes / Werner Keller / Verlag: R. Brockhaus / ISBN: 3 – 417 – 24639 – 3

13. Christen gegen Juden – Geschichte einer Verfolgung / Gerhard Czermak / Verlag: Greno – Nördlingen / ISBN: 3 – 89190 – 449 – 5

14. Von A – bis Z, Quellen zu Fragen um Juden und Christen – Rudolf Pfisterer / Verlag: Neukirchen-Vluyn / ISBN: 3 – 7958 – 8878 – 6

15. Paulus zwischen Damaskus und Qumran – Fehldeutungen und Uebersetzungsfehler / Pinchas Lapide / Verlag: GTB Gütersloher Taschenbücher / ISBN: 3 – 579 – 01425 – 0

16. Ist die Bibel richtig übersetzt, Bd. 1 - Pinchas Lapide / Verlag: GTB Gütersloher Taschenbücher / ISBN: 3 – 579 – 01415 – 3

17. Ist die Bibel richtig übersetzt, Bd. 2 - Pinchas Lapide / Verlag: GTB Gütersloher Taschenbücher / ISBN: 3 – 579 – 01441 – 2

18. Wer war schuld an Jesu Tod - Pinchas Lapide / Verlag: GTB Gütersloher Taschenbücher / ISBN: 3 – 579 – 01419 – 6

19. Er predigte in ihren Synagogen – Jüdische Evengelienauslegung - Pinchas Lapide / Verlag: GTB Gütersloher Taschenbücher / ISBN: 3 – 579 – 01400 – 5

20. Er wandelte nicht auf dem Meer – Ein jüdischer Theologe liest die Evangelien - Pinchas Lapide / Verlag: GTB Gütersloher Taschenbücher / ISBN: 3 – 579 – 01410 – 2

21. Ist das nicht Josephs Sohn – Jesus im heutigen Judentum - Pinchas Lapide / Verlag: GTB Gütersloher Taschenbücher / ISBN: 3 – 579 – 01408 - 0

22. Von Kain bis Judas – Ungewohnte Einsichten zu Sünde und Schuld - Pinchas Lapide / Verlag: GTB Gütersloher Taschenbücher / ISBN: 3 – 579 – 01439 – 0

23. SAGA – Die wahre Geschichte von Israel und dem Fall der Nationen. Ramon Bennett. Verlag Shekinah Books / ISBN: 965 – 90000 – 5 – 7

24. Verflucht und von Christus getrennt – Israel und die Heidenvölker – Eine Studie zu Römer 9-11. Johannes Gerloff . Verlag: Hänssler / ISBN: 3 – 77513 – 747 – 5

Eigenproduktionen von Jeladim Le Israel

1. Was Ihr getan habt.....das habt Ihr mit getan – Die Stellung der Kirche zum Nahostkonflikt / Erwin Jenni

2. Die entwurzelte Kirche – Eine kurze Grundsatzstudie zu den Anfängen der Kirchengeschichte / Erwin Jenni

3. In Jerusalem sollst Du nicht mehr weinen – Die Bedeutung Jerusalems / Erwin Jenni

4. Vom ändern von Festzeiten und Gesetz – Die Abspaltung der Kirche von Ihren jüdischen Wurzeln / Phinehas Ben Zadok

4. Wie lange schwankt ihr zwischen zwei Ansichten – Die Bedeutung des Sabbats und der jährlichen Feiertage / Phinehas Ben Zadok

5. Die Sünde Jerobeams – und ihre Fortsetzung in der Kirchengeschichte – Was bedeutet die Sünden Jerobeams für uns / Phinehas Ben Zadok

Für weitere Fragen an Ariel und D'vorah Berkowitz kontaktieren Sie bitte:

Torah Resources International
P.O. Box 510
3900 AM Veenendaal
Nederland
berkowitz@torah-resources.nl

oder

Armin und Beatrix Bösch
Im Bettelacher 11
8332 Russikon

Erwin und Christine Jenni
Hanfgartenstrasse 284
8626 Ottikon

jeladim.le.Israel@bluewin.ch